Andrea Graner

WAS EIN KREIS ALLES KANN

Kinder falten und basteln zu kleinen Geschichten

Verlag an der Ruhr

Impressum

Titel
Was ein Kreis alles kann
Kinder falten und basteln zu kleinen Geschichten

Autorin
Andrea Graner

Umschlag
Gestaltung: Verlag an der Ruhr; Fotos: Andrea Graner

Fotos
Andrea Graner

Druck
AZ Druck und Datentechnik GmbH, Kempten, DE

Satz und Layout
krauß-verlagsservice, Ederheim/Hürnheim

Verlag an der Ruhr
Mülheim an der Ruhr
www.verlagruhr.de

Geeignet für Kinder von 3–7 Jahren

ISBN 978-3-8346-4796-2

INHALTSVERZEICHNIS

VORWORT

*Liebe*r Leser*in*[1],

ich freue mich sehr, Ihnen nach meinem ersten Buch „Was ein Quadrat alles kann“ nun den Kreis vorstellen zu dürfen. Der Kreis und seine Möglichkeiten sind nicht minder spannend und abwechslungsreich wie die Vielseitigkeit des Quadrates.

Wo begegnet uns der Kreis? Schon ein Blick durch ein Zimmer lässt uns staunen: eine Steckdose, ein Regler an der Stereoanlage, ein Dekoartikel, eine Lampe usw.; oder in der Küche: ein Teller, ein Glas, ein Topf, ein Untersetzer; sogar ein Blick auf unseren Körper lohnt sich: unsere Pupille oder unser Bauchnabel; außerdem Knöpfe an unserer Kleidung oder bestimmte Verkehrsschilder auf den Straßen … und noch so vieles mehr.

Mein Name ist Andrea Graner und ich arbeite als Erzieherin im Kindergarten mit dem Schwerpunkt Vorschularbeit. In der Arbeit mit Kindern können wir Erwachsene so viel erleben und dazulernen, uns gegenseitig inspirieren und ergänzen. Die Fantasie der Kinder ist grenzenlos, Kinder arbeiten und gestalten wertfrei, alles ist erlaubt und das ist wunderbar.

Mein Buch „Was ein Kreis alles kann“ beinhaltet: Papier und seine Möglichkeiten, Formen und deren Vielfältigkeit, Farben und deren Wirkung, Kreativität, Individualität, Spaß und Gemeinsamkeit.

Verschiedene Bearbeitungsmöglichkeiten, wie Falten, Reißen, Schneiden, Prickeln, Kleben etc. fördern die Feinmotorik, die Konzentration, die Fantasie und das Vorstellungsvermögen.

Beim Basteln und kreativen Spielen können immer wieder aufs Neue wunderbare Dinge entstehen. Es gibt kein „Falsch“ nur „Anders“.

---

[1] Der Verlag an der Ruhr legt großen Wert auf eine geschlechtergerechte und inklusive Sprache. Daher nutzen wir das Gendersternchen, um sowohl männliche und weibliche als auch nichtbinäre Geschlechtsidentitäten einzuschließen.

ZUM MATERIAL

Es gibt fertige Papierpakete in Kreisform zu kaufen, vorsortiert in verschiedenen Farben und verschiedenen Größen.

Kreise aus Effektpapier, Tonkarton, Glanzpapier o. Ä. lassen sich ganz leicht selbst erstellen. Hierzu kann man einen Zirkel verwenden oder Schablonen. Am einfachsten geht man in die Küche und sucht sich seine gewünschten Kreisgrößen in Form von Deckeln, Tellern oder Gläsern zusammen und beginnt, Kreise aufzumalen und auszuschneiden. Einen Kreis aus Papier auszuschneiden, setzt etwas Übung voraus, da die Schere gelenkt werden muss und nicht wie bei einem geraden Schnitt „nur" zusammengedrückt wird. Je größer der Kreis, desto einfacher ist es. Mit ein wenig Übung wird es gelingen, nur Mut!

Die Größe und die Farbe der Kreise bestimmt jede*r Bastler*in selbst, kommt es doch immer darauf an, was daraus entstehen soll, für wen und für was.

ZUR ANWENDUNG

Der erste Gedanke, die erste Idee, Zusammentragen des Materials und schon geht es los. Allein, zu zweit oder in der Gruppe, alles ist möglich. Falls Sie die Person sind, die das Angebot für Kinder bereitstellt, bietet sich eine Gruppe von vier oder fünf Kindern an. In dieser Kleingruppe entwickelt sich ein Gruppengefüge, entsteht Atmosphäre und Unterhaltung. Größere Gruppen werden schnell unüberschaubar und sobald sich Hektik einschleicht, verlässt uns der Spaß. Je nach Alter der Kinder sollte das Angebot ausgesucht und Unterstützung angeboten werden. Der Arbeits- oder Basteltisch sollte ausreichend Platz für alle Kinder bieten plus Schere, Kleber, Belebungsmaterial etc. Ich persönlich finde Materialschalen unverzichtbar. Alles „Gute" in die Schale, alle Schnipsel oder Unbrauchbares bleibt draußen oder wird in der Mitte des Tisches gesammelt. So vermischen sich die Materialien nicht und es entstehen auch keine Verwechslungen. Jede*r ist für sein*ihr Material verantwortlich.

Trotz aller Vorbereitung kann sich während des Bastelangebotes das eine oder andere als günstig oder ungünstig erweisen. Probieren Sie aus, seien Sie kreativ, das Basteln und das Miteinander sollen Spaß machen, kurzweilig sein, ein Ah und Oh entlocken und uns gegenseitig bereichern.

Eine kleine Hilfe, was für welches Alter angebracht ist, soll mit dieser Skala dargestellt werden. Natürlich kann man es nie für alle Kinder gleich werten. Vorerfahrungen, Begabungen und Fähigkeiten sind individuell. Diese Altersskala dient nur der Orientierung und steht am Anfang jeder Faltarbeit.

z. B.:

= geeignet für Kinder mit 5 Jahren plus ein wenig jünger oder ein wenig älter

Tipp: Wenn Sie mit Kindern arbeiten und ihnen möglichst viele Gestaltungsmöglichkeiten und kreative Freiheit anbieten möchten, bereiten Sie sich vor und legen Sie alle Materialien parat! Nichts ist ärgerlicher, als immer von der Bastelarbeit wegspringen zu müssen, um Wackelaugen zu suchen oder vielleicht eine Schere oder Klebeband zu holen, weil gerade jetzt ein Unfall repariert werden muss.

Für manche Geschichten bietet sich die Herstellung eines kleinen Büchleins an. Hier gibt es verschiedene Möglichkeiten:

- einen schon fertigen Block verwenden oder ein kleines Schulheft
- DIN-A5-Papier lochen und mit einem Pfeifenputzer verbinden (jedes andere Format ist ebenso möglich)
- Blätter in gewünschter Größe tackern, verkleben oder mit einer Spiralbindung zusammenhalten
- Manche Kinder können es vielleicht schon allein und haben ihre eigenen Ideen.
- Ein Deckblatt darf natürlich nicht fehlen. Am schönsten ist eines, das die Kinder selbst gestalten können.

Auch hier sind der Kreativität keine Grenzen gesetzt. Viel Spaß dabei!

Dieses Buch beinhaltet:

- verschiedene Geschichten und Anwendungsfelder
- Anleitungen mit verschiedenen Längen und Schwierigkeitsgraden
- verschiedene Themen
- verschiedene Techniken
- verschiedene Methoden (Projektarbeit, Collagen, Kalender …)

Die Anleitungen sind alle bildlich dargestellt. Einzelne wichtige Informationen finden Sie immer zu Beginn der Geschichte.

Um die Geschichten oder Angebote durchzuführen, gibt es verschiedene Möglichkeiten:

- Sie falten jeden Faltvorgang vor und die Kinder falten nach – das hält die Spannung aufrecht, was daraus entsteht.
- Sie lesen ein vorbereitetes Büchlein vor und wecken so die Freude darauf, ebenso ein Büchlein herzustellen.
- Sie kombinieren beides und passen sich den Kindern an – Sie lesen vor, führen den Faltvorgang durch und gehen dann gemeinsam zum nächsten Teil der Geschichte über.

Für manche Kinder ist es wichtig, erst das fertige Produkt zu sehen, dass sie dann nachbasteln können, weil es ihnen Sicherheit gibt. Für andere Kinder braucht es das nicht, sie finden ihren eigenen Weg.

Prinzipiell ist es wichtig, dass es Ihnen dabei gut geht und Sie sich mit Ihren Vorgaben wohlfühlen. Wie auch ein schöner Spruch sagt: „Wenn es sich gut anfühlt, dann ist es das auch."

Zum Schluss noch etwas ganz Wichtiges:

- **Verändern Sie, fügen Sie hinzu oder lassen Sie weg.**
- **Bauen Sie eigene Ideen ein und lassen Sie ihrer Kreativität und der Ihrer Kinder freien Lauf.**

Nun wünsche ich Ihnen, liebe Leser*innen, und Ihren Kindern wunderschöne Bastelzeiten, ein gewinnbringendes Miteinander, entspannte und spannende Momente, anhaltenden Spaß und kreative Zufriedenheit.

Herzlichst Ihre

Andrea Graner

GRUNDLAGEN

In den meisten Geschichten wird der Kreis in Felder gefaltet (ähnlich wie Kuchenstücke). Die Größe des Kreises ist an dieser Stelle nicht wichtig, da die Faltung immer die gleiche ist.

Faltpapier, das in runder Form zum Kaufen angeboten wird, eignet sich sehr gut, die einzelnen Papiere sind nicht zu dick und lassen sich gut falten.

Im Folgenden beschreibe ich, wie man einen Viertelkreis, einen Sechstel-, einen Achtel-, einen Zwölftel- und einen Sechzehntelkreis faltet.

Viertelkreis:

1 Kreis zur Hälfte falten.

2 Kreis ein zweites Mal zur Hälfte falten.

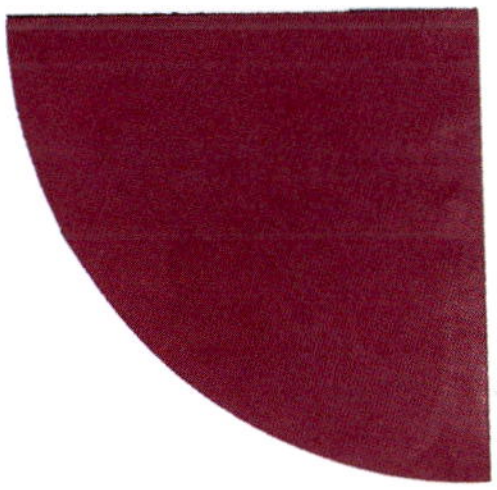

3 Öffnen.

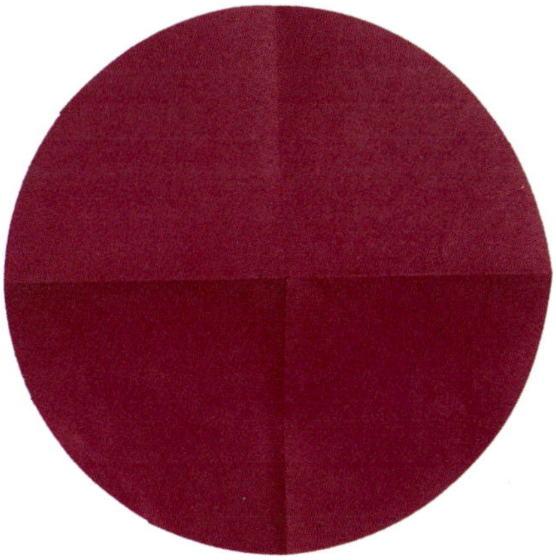

Sechstelkreis: (Hier muss man ein wenig abschätzen.)

1 Kreis zur Hälfte falten.

2 Ein Drittel des Halbkreises einfalten.

3 Zweites Drittel einfalten.

4 Öffnen.

Achtelkreis:

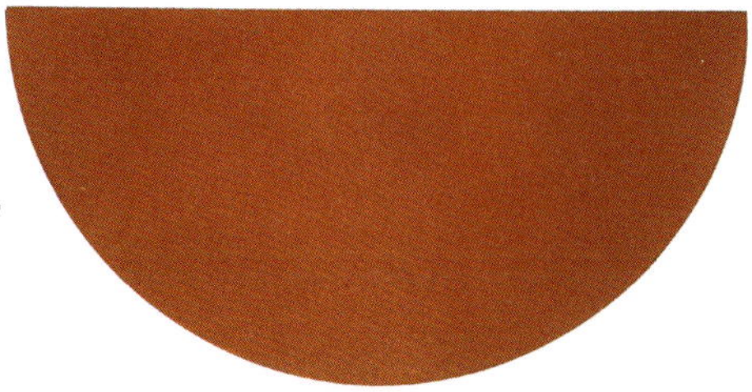

1 Kreis zur Hälfte falten.

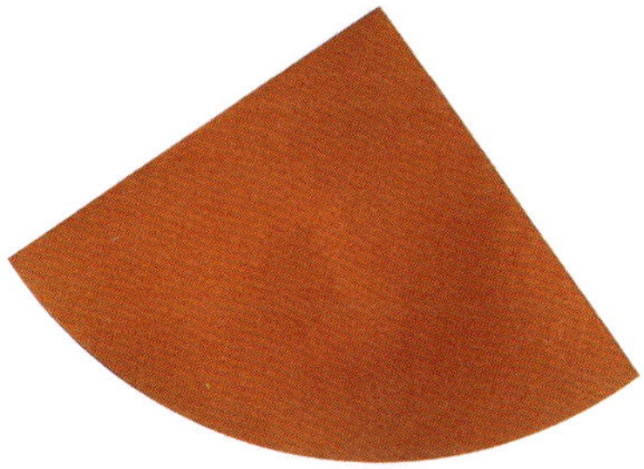

2 Kreis ein zweites Mal zur Hälfte falten.

3 Kreis ein drittes Mal zur Hälfte falten.

4 Öffnen.

Zwölftelkreis: (Hier muss man wieder ein wenig abschätzen.)

1 Kreis zur Hälfte falten.

2 Kreis ein zweites Mal zur Hälfte falten.

3 Ein Drittel des Viertelkreises einfalten.

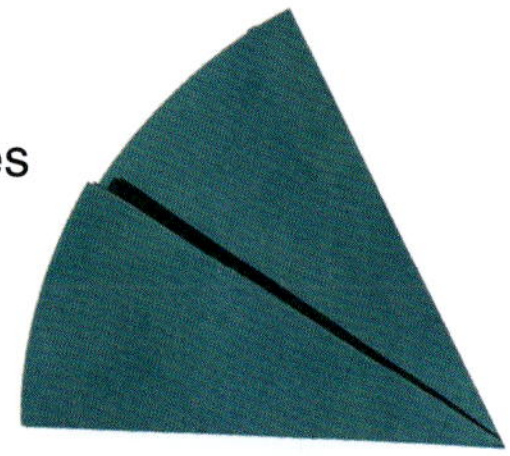

4 Zweites Drittel einfalten.

5 Öffnen.

Sechzehntelkreis:

1 Kreis zur Hälfte falten.

2 Ein zweites Mal zur Hälfte falten.

3 Ein drittes Mal zur Hälfte falten.

4 Ein viertes Mal zur Hälfte falten.

5 Öffnen.

Alter:
4
5
6
7
8

1. Geschichte

Auf der Blumenwiese

Materialliste pro Kind:
- acht verschiedenfarbige Kreise
- Stempelkissen
- Schere
- Klebestift
- Stift, um die Fingerabdrücke als Tiere zu gestalten und zum Vorzeichnen der Blumenform
- grüne Stifte für die Blätter und den Stängel der Blumen
- Vorbereitetes Büchlein oder Leporello (Anleitungen s. S. 6); ideal sind 10 Seiten, 1. Seite mit allen Tieren und Einladung, 2.–9. Seite mit den Blumen, 10. Seite mit allen Tieren und dem Willkommensgruß.

Durchführung

Diese Geschichte ist als Falt- und Schneidearbeit vielseitig einsetzbar:
- Als Elternabendprojekt: Die Eltern stellen ein Büchlein oder Leporello für ihr Kind her, als Geschenk für zu Hause, als Willkommensgruß im Kindergarten, als Überraschung zur Geburtstagsfeier im Kindergarten …
- Kinder stellen ein Büchlein oder Leporello für ein anderes Kind her, z. B. für ein kleineres Geschwisterkind, Vorschulkinder für neue Kinder …
- Kinder basteln sich selbst ein Büchlein.
- An einem Eltern-Kind-Nachmittag wird zusammen ein Büchlein gestaltet. Es können sich natürlich auch jeweils zwei Fingerabdrucktiere hinter einer Blume verstecken (ein Fingerabdruck des Kindes und einer eines Elternteils).

Zunächst wäre es sinnvoll, verschiedene Fingerabdrücke auszuprobieren. Das macht richtig Spaß und ist spannend. Danach experimentieren wir mit der Ausgestaltung der Tiere – jedes darf einzigartig aussehen, das macht die Geschichte noch lustiger. Danach bereiten wir die Blumen vor. Die Schwierigkeit der Einschnitte steigt mit der Anzahl der Faltungen, das kann natürlich, je nach Alter des Kindes, verändert werden. Es können auch nur Blumen mit sechs oder acht Faltungen entstehen, das entscheiden Sie mit zusammen mit dem Kind. In der Beschreibung sehen Sie jeweils den Vorlesetext, ein Bild vom Schnittmuster, das auf den gefalteten Kreis gezeichnet und ausgeschnitten wird und ein Bild von der fertigen Blume mit Tierchen.
Zuerst kommt der Fingerabdruck auf eine leere Seite und wird als Tier ausgestaltet. Danach legt man die fertig ausgeschnittene Blume darüber und klebt sie so auf, wie man das Tier verstecken möchte. Es folgen die Blätter, der Stängel und der Text. Der Vers wiederholt sich auf jeder Seite, hat damit einen Wiedererkennungswert und das Kind kann ihn bald selbst sprechen. Zusätzlich kann selbstverständlich jede Seite noch individuell ausgestaltet werden (Himmel, Sonne …).

DU BIST EINGELADEN ZU UNSEREM FEST,
SEI WILLKOMMEN WIE ALLE ANDEREN GÄST'.

VORLESETEXT

Die kleine Biene freut sich sehr über die Einladung und macht sich sofort auf den Weg.

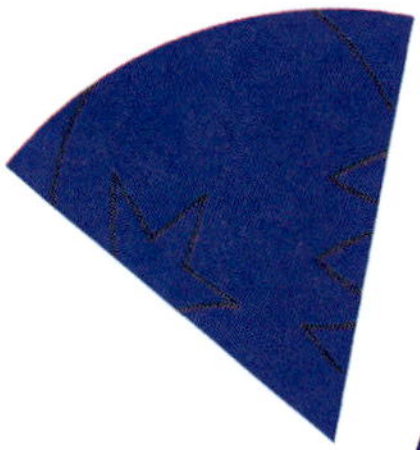

Hallo, hier bin ich, siehst du mich?
Ich spiele gern Verstecken, drum frage ich dich:
Ich gehe vor, willst du mich finden?
Ich kann auf meiner Blumenwiese schnell verschwinden.

Auch der kleine Marienkäfer freut sich über die Einladung und macht sich sofort auf den Weg.

Hallo, hier bin ich, siehst du mich?
Ich spiele gern Verstecken, drum frage ich dich:
Ich gehe vor, willst du mich finden?
Ich kann auf meiner Blumenwiese
schnell verschwinden.

Die kleine Fliege freut sich ebenso
über die Einladung und macht
sich sofort auf den Weg.

Hallo, hier bin ich, siehst du mich?
Ich spiele gern Verstecken, drum frage ich dich:
Ich gehe vor, willst du mich finden?
Ich kann auf meiner Blumenwiese schnell
verschwinden.

Der kleine Schmetterling ist auch eingeladen
und macht sich sofort auf den Weg.

Hallo, hier bin ich, siehst du mich?
Ich spiele gern Verstecken, drum frage ich dich:
Ich gehe vor, willst du mich finden?
Ich kann auf meiner Blumenwiese
schnell verschwinden.

Auch die kleine Wespe freut sich
über die Einladung und macht sich
sofort auf den Weg.

Hallo, hier bin ich, siehst du mich?
Ich spiele gern Verstecken, drum frage ich dich:
Ich gehe vor, willst du mich finden?
Ich kann auf meiner Blumenwiese
schnell verschwinden.

Die kleine Spinne bekommt auch
eine Einladung und macht sich
sofort auf den Weg.

Hallo, hier bin ich, siehst du mich?
Ich spiele gern Verstecken, drum frage ich dich:
Ich gehe vor, willst du mich finden?
Ich kann auf meiner Blumenwiese
schnell verschwinden.

Auch die kleine Raupe bekommt
eine Einladung und macht sich
sofort auf den Weg.

Hallo, hier bin ich, siehst du mich?
Ich spiele gern Verstecken, drum frage ich dich:
Ich gehe vor, willst du mich finden?
Ich kann auf meiner Blumenwiese
schnell verschwinden.

Die kleine Schnecke ist ebenfalls
eingeladen und macht sich
sofort auf den Weg.

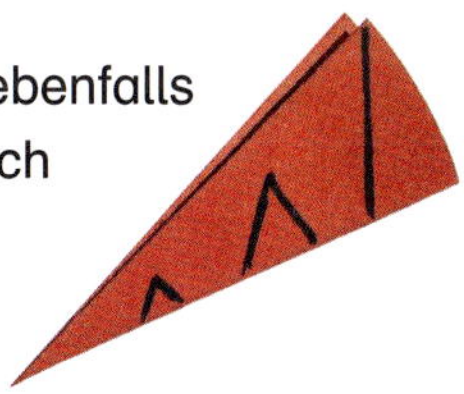

Hallo, hier bin ich, siehst du mich?
Ich spiele gern Verstecken, drum frage ich dich:
Ich gehe vor, willst du mich finden?
Ich kann auf meiner Blumenwiese
schnell verschwinden.

SEID WILLKOMMEN IHR LIEBEN GÄST',
SEID WILLKOMMEN AUF UNSEREM FEST.

Alter:
4
5
6
7
8

2. Geschichte

MEINE WELT IST RUND

Materialliste pro Kind:
- Bastel- oder Dauerkalender, jahresunabhängig (wird in verschiedenen Größen, meist mit Spiralbindung, zum Kauf angeboten)
- verschiedenfarbige Kreise
- Schere
- Klebestift
- Ausgestaltungsmaterial (z. B. Natur- oder Alltagsmaterial)
- Stifte

DURCHFÜHRUNG

Auch der Titel „Mein Jahr ist rund" würde passen, da in dieser Geschichte zwölf jahreszeitlich angepasste Bastelaktionen mit einem Kreis angeboten werden.
Pro Monat wird ein Kalenderblatt gestaltet, so entsteht ein Jahresprojekt und die einzelnen Themen könnten detailliert und in Ruhe erarbeitet werden. An dieser Stelle würden sich Erzählrunden anbieten, ebenso das Sammeln von jahreszeitlich abhängigen Natur- oder Alltagsmaterialien zur Ausgestaltung des Kalenderblattes. Am Ende entsteht ein Dauerkalender als Geschenk oder als Vorschularbeit im Kindergarten.
In den Monaten wechseln sich die Angebotsformen mit freier Gestaltung und vorgegebenen Faltanleitungen ab, lassen jedoch immer genug Freiraum, eigene Ideen und Kreativität einspielen zu lassen, z. B. „Wie sieht eine Schneeflocke aus?". Diese kann frei gestaltet werden – oder eine Maske, eine Sonne, eine Blume etc. Hierzu steht immer ein Vorschlag in dieser Geschichte, je nach Kind kann das Resultat aber ganz individuell gestaltet werden und einzigartig aussehen.

Faltanleitungen, wie das Osterkörbchen, das Segelschiffchen und das Zirkuszelt können angeleitet werden. Die Ausgestaltung liegt dann wiederum in der Entscheidung des Kindes.
Die Kinder werden angeregt, über die runden Dinge in ihrem Leben und ihrer Umwelt nachzudenken und Lösungen zu suchen, diese darzustellen. Alternativ kann natürlich jeder Monat auch für sich allein stehen, abhängig davon, welches Thema gerade im Kindergarten oder zu Hause vorherrscht. Karten, Collagen, Portfolioangebote oder Freispielangebot, alles ist möglich.
Je mehr man sich mit einem Kreis beschäftigt, ausprobiert, verändert, erfindet, desto mehr Möglichkeiten, Ideen, Außergewöhnliches und Spannendes kann entstehen. Das Material an sich (buntes Papier in Kreisform) weckt schon die Freude und die Lust darauf, etwas zu erschaffen und kreativ zu sein.
Wer vielleicht schon einen Blick in mein Buch „Was ein Quadrat alles kann“ geworfen und den dort vorgestellten Dauerkalender angeschaut hat, wird den Unterschied sehen: der Jahreskalender mit Quadraten besteht aus angeleiteten Faltarbeiten, der Jahreskalender mit Kreisen ist mit seinen freien Gestaltungsmöglichkeiten das Pendant dazu.
Es gibt Menschen – Kinder wie Erwachsene –, die Anleitungen und Vorgaben mögen. Und es gibt Menschen – Kinder wie Erwachsene –, die freies Gestalten mögen. Sie kennen sich und Ihre Kinder am besten, daher wünsche ich Ihnen und Ihren Kindern ganz viel Spaß, unvergessliche Bastelstunden und einzigartige Kalender, unabhängig davon, für was Sie sich entscheiden.

JANUAR: SCHNEEFLOCKE

Einleitung:	Was weißt du über Schneeflocken? Hast du schon einmal eine Schneeflocke auf der Hand gehabt? Und was ist dann passiert? Eventuell kann man eine vergrößerte Fotografie einer Schneeflocke anschauen. Jede Schneeflocke ist anders, das ist toll und faszinierend. Aus einem Kreis können wir eine Schneeflocke herstellen. (Auch ein gebastelter Schneemann besteht aus Kreisen.) In meinem Beispiel habe ich das „Negativ" gewählt, um den Kreis zu erhalten. Natürlich kann man auch eine Schneeflocke aus weißem Papier herstellen und auf einen farbigen Untergrund kleben.
Material:	buntes Papier in Kreisform, Schere, Klebestift

VORLESETEXT

Der Januar, als erster Monat im Jahr,
beginnt mit dem Winter, das ist doch klar.
Und wenn es so richtig kalt ist und schneit,
macht die herrlich weiße Pracht sich breit.
Eine Schneeflocke, so zart und klein,
schwebt ganz behutsam in meine Hand hinein.

DURCHFÜHRUNG

Einen Achtelkreis falten (Anleitung s. S. 11) und Schnittvorlage aufzeichnen. Danach ausschneiden.

FEBRUAR: FASCHINGSMASKE

Einleitung:	Es gibt unzählig verschiedene Faschingsmasken, die rund sind, eben wie unser Gesicht. Wie möchtest du mit einer Maske aussehen? Zuerst brauchen wir Augenlöcher, sonst sehen wir nichts. Auch eine Mundöffnung zum Atmen wäre gut. Alles andere sind deine eigenen Ideen.
Material:	buntes Papier in Kreisform, Schere, Klebestift, Stifte, Ausgestaltungsmaterial, wie Federn, Wolle, Glitzer …

VORLESETEXT

Im Februar wünschen wir den Winter fort,
mit Faschingskostümen an jedem Ort.
Mit viel Spaß und viel Vergnügen
wird der Winter fortgetrieben.
Ich halte mir zur Faschingszeit,
eine selbst gebastelte Maske bereit.

DURCHFÜHRUNG

Löcher für Augen und Mund in einen Kreis schneiden und die Maske frei ausgestalten.

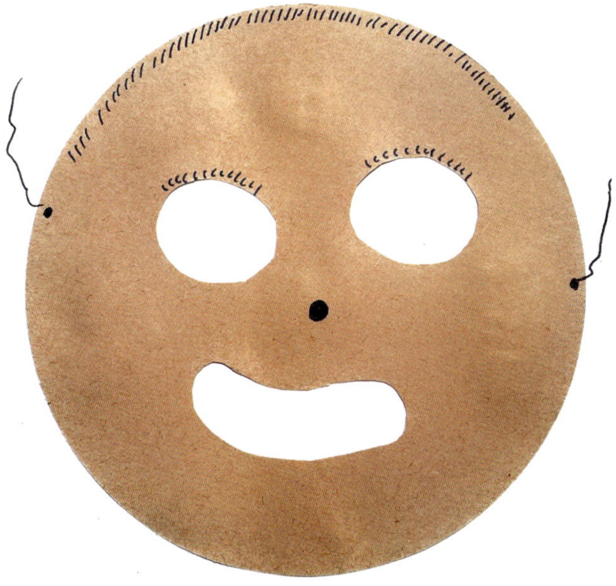

MÄRZ: BLUME

Einleitung:	Der März ist der Frühlingsmonat und die ersten Blumen beginnen zu wachsen und zu blühen. Hast du schon welche gesehen? Wie sahen sie aus? Auf einem gemeinsamen Spaziergang lassen sich bestimmt schon Blumen finden und betrachten.
Material:	buntes Papier in Kreisform, Schere, Klebestift, evtl. Buntstifte

VORLESETEXT

Die ersten Sonnenstrahlen wecken
Blumen, die sich aus dem Boden recken.
Endlich wacht die Natur wieder auf,
wir haben so lange gewartet darauf.
Winterstiefel und dicke Mützen
weichen Gummistiefeln und herrlichen
Pfützen.

DURCHFÜHRUNG

Drei Achtelkreise in verschiedenen Farben falten (Anleitung s. S. 11) und einen Kreis für die Mitte der Blume. Jeden gefalteten Achtelkreis wie in der Schnittvorlage (s. Bild) ausschneiden, auseinanderfalten und aufeinanderkleben.

APRIL: OSTERKÖRBCHEN

Einleitung:	Das kirchliche Osterfest und seine Bedeutung ist sicherlich Grundlage für diese Bastelarbeit. Auch Informationen über die bunten Eier, den Osterhasen, die Bedeutung der Ostergeschenke für die Kinder und alles, was sonst noch dazugehört, wird thematisch erarbeitet und den Kindern vorgestellt. Das Verstecken eines Osterkörbchens mit bunten Eiern und Süßigkeiten ist sicherlich das Wichtigste für die Kinder, und das ist gut so. Die Ausgestaltung und Befüllung von Osterkörbchen ist unbegrenzt, macht unheimlich viel Spaß und ist immer wieder eine Überraschung.
Material:	buntes Papier in Kreisform, Schere, Klebestift, evtl. Stifte, falls noch ein Muster auf den Ostereiern erwünscht ist

VORLESETEXT

Ostern kommt, dazu ein Nest,
gefüllt für Kinder und zum Fest,
Schokolade, Eier und Kleinigkeiten
uns so viel Freude beim Suchen bereiten.
Der Osterhase hat alles gut versteckt
und somit die Kinder freundlich geneckt.

DURCHFÜHRUNG

Kreis zur Hälfte falten.

Beide Ecken etwas nach innen falten.

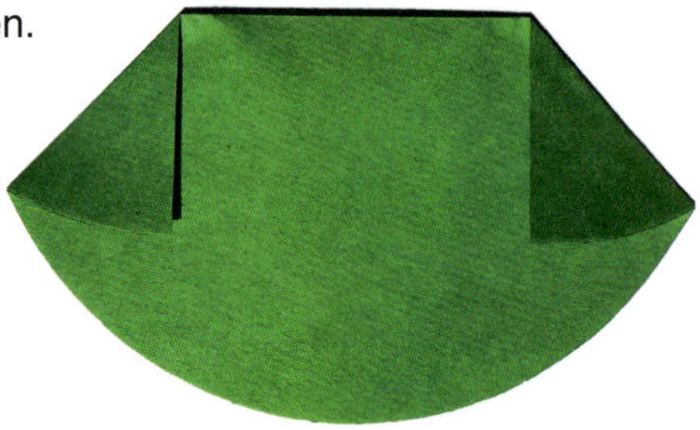

Eine der oberen Rundungen über
die nach innen gefalteten Ecken falten.

Die andere Rundung nach innen
in das Körbchen falten.

Drei Kreise in verschiedenen
Farben zur Hälfte falten,
in Ovalform (s. Bild) zu-
schneiden und aufklappen.

Mit den Eiern das Nest
befüllen.

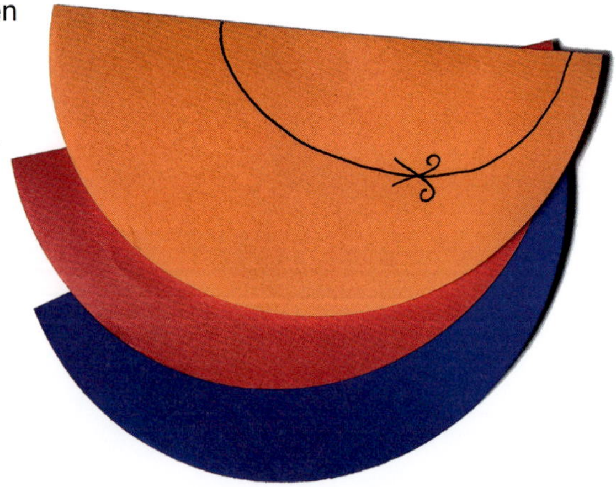

MAI: MUTTERTAG/VATERTAG

Einleitung:	Was wären wir ohne unsere Mama und ohne unseren Papa? Jedes Jahr wiederholt sich der Mutter-/Vatertag und soll natürlich gebührend gefeiert und die/der Mutter/Vater beschenkt werden. Dazu eignet sich ein selbst gefaltetes Herz ausgezeichnet. Zusätzlich ist die Freude zu beachten, einem Menschen, den man liebt, etwas schenken zu können.
Material:	buntes Papier in Kreisform, Klebestift

VORLESETEXT

Im Mai, da sagen alle Kinder Dankeschön,
wenn sie mit einem Geschenk zur Mutter/
zum Vater gehen.
Da wird gebastelt, gemalt und Blumen gepflückt
und die Mama/der Papa von Herzen mit Freuden beglückt.
Liebe Mama/lieber Papa, wir lieben dich so,
dich zu haben, macht uns froh.

DURCHFÜHRUNG

Kreis in Ziehharmonikatechnik falten.
Je kleiner das Papier, desto kleiner sollten die Faltungen sein. So kommt das Herz besonders hübsch zur Geltung.

Mittig falten und Berührungsfläche der beiden Herzhälften zusammenkleben.

Juni: Marienkäfer

Einleitung: Wer kennt ihn nicht, diesen hübschen Käfer mit den roten Flügeln und den schwarzen Punkten. Hast du schon einmal einen gesehen? Ihn vielleicht sogar auf deiner Hand krabbeln lassen? Es gibt ganz viele verschiedene Marienkäfer, hast du das gewusst?

Material: schwarzes und rotes Papier in Kreisform, Schere, Klebestift, Stift

Vorlesetext

Ein kleiner Käfer findet Gefallen daran,
dass er so herrlich fliegen kann.
Mit seinen Punkten auf rotem Kleid
ist er zu jeder Zeit bereit.
Marienkäfer nennt er sich,
Glück soll er bringen, auch für dich.

Durchführung

Der schwarze Kreis ist der Körper des Marienkäfers. Der rote Kreis wird in der Mitte durchgeschnitten, die Hälften ergeben die Flügel. Ein kleiner roter Kreis ist der Kopf, auf den ein Gesicht gemalt wird. Alle Teile als Käfer zusammenkleben.

Juli: Sonne

Einleitung:	Wenn die Sonne warm vom Himmel scheint, können wir draußen sein und brauchen keine Jacken und sonstige warme Anziehsachen. Wir können baden gehen, spielen und viele tolle Sachen machen, herrlich! Was macht du am liebsten draußen, wenn die Sonne scheint?
Material:	ein gelbes Papier in Kreisform, Schere, Klebestift, Stift

Vorlesetext

Im Sommer scheint die Sonne auf
uns herunter.
Wir erfreuen uns am Baden und
planschen munter.
Die Tage halten wir im Haus nicht aus,
die Sonne lockt alle in die Natur hinaus.
Ist es nicht schön, die Sonne zu fühlen
und sich mit einem Eis abzukühlen?

Durchführung

Achtelkreis falten (Anleitung s. S. 11), Sonnenstrahlen als Schnittvorlage aufzeichnen, ausschneiden, auffalten.

Sonne mit einem Gesicht versehen und auf das Kalenderblatt kleben.

Alternativ: keine Sonnenstrahlen aufzeichnen, sondern ausprobieren, wie Sonnenstrahlen sonst noch aussehen oder hergestellt werden können.

AUGUST: SEGELSCHIFF

Einleitung: Der August ist der Urlaubsmonat. Wo warst du schon im Urlaub und wo würdest du gern mal hinfahren? Was hast du schon alles im Urlaub erlebt? Hier hat bestimmt jedes Kind etwas zu berichten. Wenn dann das Thema auf „Wasser" fällt, haben wir geschickt die Überleitung zu unseren Segelschiffchen.

Material: buntes Papier in Kreisform, Stift, Klebestift, evtl. etwas Stoff

VORLESETEXT

Hurra, wir fahren in den Urlaub heut,
wollt ihr raten wohin, ihr lieben Leut'?
Ans Meer, an den See, Hauptsache, baden,
ihr seid herzlich eingeladen.
Unser Segelschiffchen steht schon bereit,
kommt an Bord, allein oder zu zweit.

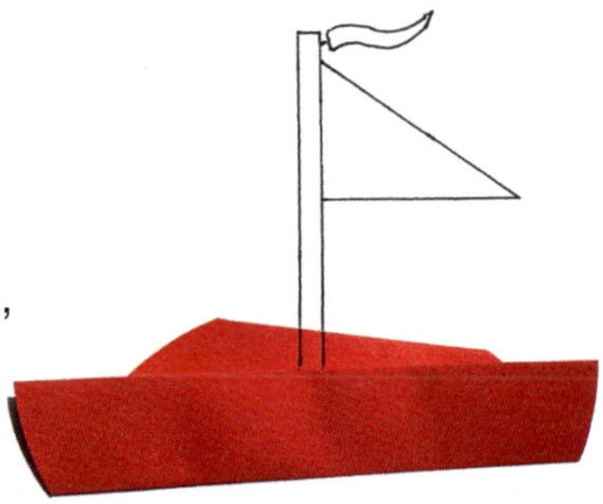

DURCHFÜHRUNG

Kreis zur Hälfte falten.

Unteren geraden Rand nach oben falten, sodass nur noch ein kleiner Bogen sichtbar ist.

Den Bogen etwas schräg einfalten, Schiffchen ausgestalten.

⇚ SEPTEMBER: SCHULTÜTE ⇛

Einleitung:	Jetzt wird es spannend: Die Einschulung steht bevor. Die Kindergartenzeit ist vorüber und du bist jetzt ein Schulkind. Herzlichen Glückwunsch! Und natürlich gehört zu einer richtigen Einschulung auch eine Schultüte. Was da wohl drin ist? Überraschung!
Material:	buntes, evtl. mehrfarbiges, gemustertes Papier in Kreisform, Stift, Klebestift, bei Bedarf Kreppapier und Wolle

VORLESETEXT

Dieses Jahr, ihr werdet staunen,
und heimlich mit dem Nachbarn raunen:
Seht nur her, wie ist er*sie groß
und sein/ihr Schulranzen – ganz famos.
Die Schultüte hält er*sie in den Armen ganz fest,
denn heute ist das Einschulungsfest.

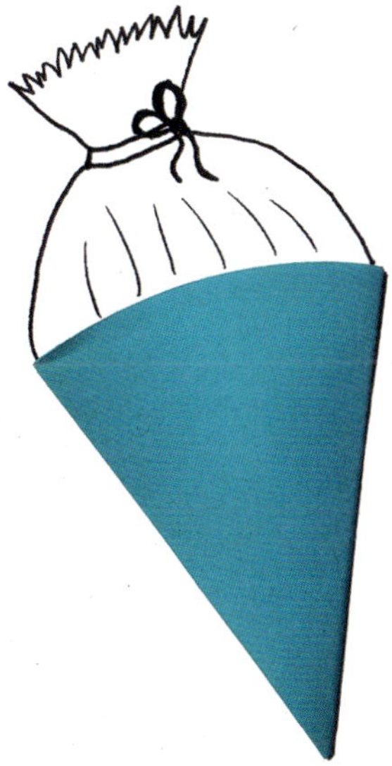

DURCHFÜHRUNG

Achtelkreis falten (Anleitung s. S. 11), aufkleben und ausgestalten.

OKTOBER: ZIRKUS

Einleitung: Welch schöne Abwechslung: Ein Zirkus gastiert in der Nähe. Bestimmt kann man dort viele Akrobaten sehen und hoffentlich auch einen Clown. Manchmal bin ich auch ein Clown. Welche Späße kennst du? Kannst du andere Kinder zum Lachen bringen?

Material: zwei verschiedenfarbige Papiere in Kreisform, Stift zur Ausgestaltung, Klebestift, evtl. Wolle oder Band für die Schleifen am Zirkuszelt

VORLESETEXT

Der Herbst ist schon da und in die Stadt
kommt ein bunter Zirkus und der hat:
Akrobaten, Clowns und vieles mehr.
Kommt schnell alle zum Staunen her.
In die erste Vorstellung möchte ich gehen
und all die tollen Kunststücke sehen.

Durchführung

Zwei Kreise aufeinanderlegen und dabei immer beachten, dass jeder Faltvorgang mit zwei Papieren durchgeführt wird.

Kreise zur Hälfte falten.

Eine Hälfte davon so nach oben falten, dass ein Teil des Halbkreises erhalten bleibt, dann wenden.

Überstand nach vorn falten.

Ecken einfalten, Einschnitt für den Zelteingang durchführen und die entstandenen Kanten als Zelteingang nach außen falten (s. Bild S. 32).

NOVEMBER: REGENSCHIRM

Einleitung: Regen kann herrlich sein, ein Spaziergang im Regen ebenfalls. Regen ist sehr wichtig für die Pflanzen, für die Tiere, für uns. Was gefällt dir am Regen? Vielleicht das Pfützenspringen?

Material: buntes, evtl. gemustertes Papier in Kreisform, Schere, Klebestift, Stift, evtl. Moosgummi für den Regenschirmstab.

VORLESETEXT

Tropf, Tropf, Tröpfchen,
fällt es auf mein Köpfchen.
Zu Abenteuern gehts raus in den Regen,
denn mit Gummistiefeln spricht nichts dagegen.
Auch gut, wenn man einen Regenschirm besitzt,
und damit durch den Regen flitzt.

DURCHFÜHRUNG

Einen Achtelkreis falten (Anleitung s. S. 11), Schnittvorlage aufzeichnen, ausschneiden, auffalten und ausgestalten.

Mittlerweile gibt es viele verschiedene Regenschirme zu kaufen. Vielleicht hat ein Kind ganz andere/eigene Ideen.

Dezember: Stern

Einleitung:	Sterne haben eine besondere Ausstrahlung. Ein Sternenhimmel, ein Sternenregen, Glitzersterne, Weihnachtssterne – es gibt vieles zu entdecken. Was ist dein Lieblingsstern? In der Weihnachtszeit werden vermutlich viele verschiedene Sterne gebastelt. Sie sind immer wieder ein Blickfang, egal ob am Fenster aus Transparentpapier, als Christbaumschmuck, als Dekoration auf dem Tisch oder als kleines selbst gebasteltes Geschenk. Ein Stern kann verschieden viele Spitzen haben, das kann jede*r für sich auswählen. Unser Stern wird acht Spitzen haben. Und da es ein doppelter Stern ist, hat er auch doppelt so viel Spitzen, also 16.
Material:	ein silberner und ein goldener Kreis (es geht natürlich auch jede andere Farbe), Schere, Stift, Klebestift

Vorlesetext

Dezember, der letzte Monat im Jahr,
bringt noch das schönste Fest fürwahr.
Weihnachten feiern wir mit Baum und Stern,
ach Adventszeit, wir haben dich so gern.
Auch Geschenke liegen für jeden bereit,
damit ihr, meine Lieben, glücklich seid.

Durchführung

Aus silbernem und goldenem Papier jeweils einen Achtelkreis falten (Anleitung s. S. 11). Schnittmuster aufzeichnen und ausschneiden. Beide Sterne auffalten und versetzt übereinander zusammenkleben.

Alter:
4
5
6
7
8

3. Geschichte

Vom Kreis zum Dreieck und wieder zurück

Materialliste pro Kind:
- acht Kreise mit ca. 15 cm Durchmesser
- wenn möglich zweifarbiges Papier (Vorder- und Rückseite in verschiedenen Farben)
- evtl. ein vorgefertigtes Büchlein mit acht Seiten und Deckblatt (Anleitung s. S. 6)
- Klebestift

Durchführung

Unser Faltpapier in Kreisform sehen wir mit bloßem Auge auch als Kreis. Unter dem Mikroskop wären wir erstaunt, dass der Außenrand des Kreises doch sehr uneben ist. Kleinste Kanten werden bei starker Vergrößerung sichtbar. Um zu verstehen, wie ein Kreis „entsteht“, kann man diese Faltgeschichte gut verwenden, denn mit jedem neuen Faltschritt wird unsere Bastelarbeit runder.

Das Dreieck gestaltet sich noch recht einfach, ab dem Sechzehntelkreis ist große Geschicklichkeit und Geduld gefragt.

Es ist schon fast ein Experiment, das auch noch richtig Spaß macht. Jeder einzelne Faltschritt kann in ein Büchlein eingeklebt werden, so bleibt die Verwandlung sichtbar.

Die Anleitungen für die verschiedenen Kreisfaltungen finden Sie auf S. 9 ff.

VORLESETEXT

Hallo, ich bin ein Kreis. Soll ich euch etwas verraten? Ich kann mich in ein Dreieck verwandeln. Seht her: Drei Seiten nach innen gefaltet – fertig!

DURCHFÜHRUNG

Kreis zum Dreieck falten. Hier musst du ein wenig abschätzen.

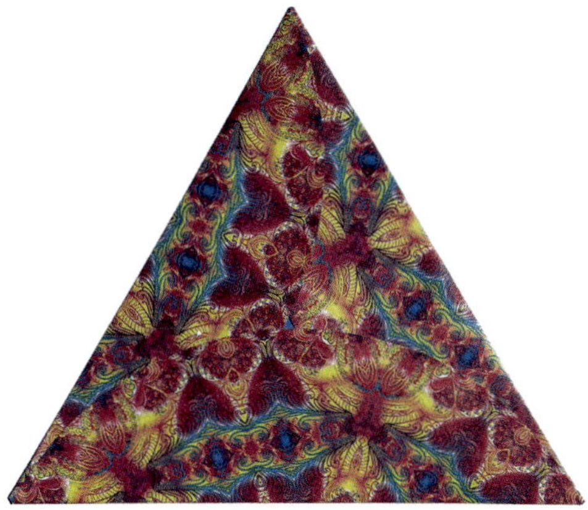

VORLESETEXT

Und wisst ihr, was ich noch kann? Ich kann mich in ein Viereck verwandeln und das geht fast genauso schnell.

DURCHFÜHRUNG

Viertelkreis falten, öffnen und die Außenkanten zwischen den Knicken nach innen falten.

VORLESETEXT

Und jetzt? Jetzt bin ich ein Sechseck. Hast du nachgezählt? Sechs Ecken!

DURCHFÜHRUNG

Sechstelkreis falten, öffnen und die Außenkanten zwischen den Knicken nach innen falten.

VORLESETEXT

Und schon geht es weiter. Nun bin ich ein Achteck. Kannst du schon bis acht zählen?

DURCHFÜHRUNG

Achtelkreis falten, öffnen und die Außenkanten zwischen den Knicken nach innen falten.

VORLESETEXT

Zähle nach, ich bin nun ein Zwölfeck und werde immer runder.

DURCHFÜHRUNG

Zwölftelkreis falten, öffnen und die Außenkanten zwischen den Knicken nach innen falten.

VORLESETEXT

Du weißt schon, was jetzt kommt? Genau: Ich werde ein Sechzehneck.
Und es ist schon ganz schön schwer, meine Ecken zu falten.

DURCHFÜHRUNG

Sechzehntelkreis falten, öffnen und die Außenkanten zwischen den Knicken nach innen falten.

PUH, MIR WIRD SCHON GANZ RUND ZUMUTE.

VORLESETEXT

Wenn du mich noch einmal faltest, also zum Vierundzwanzigeck, lassen sich keine Ecken mehr falten.

DURCHFÜHRUNG

Vierundzwanzigstelkreis falten, öffnen und versuchen, Außenkanten zwischen den Knicken nach innen falten.

VOILÀ! ICH BIN WIEDER EIN KREIS.

Ich schenke dir einen Regenbogen

Materialliste pro Kind:

- Kreise in den Farben des Regenbogens: Rot, Orange, Gelb, Grün, Blau, Violett
- Schere
- Klebestift
- vorbereitetes Büchlein (Anleitungen s. S. 6)
- evtl. Zirkel oder Schablonen
- evtl. eine Karte, auf die die andere Hälfte des Regenbogens zum Verschenken aufgeklebt wird

Durchführung

Diese Geschichte eignet sich sehr gut, wenn gerade das Thema „Farben" behandelt wird. Dass aus den Farben ein wunderschöner Regenbogen entsteht, den man auch noch verschenken kann, ist ein bezaubernder Nebeneffekt.
Zuerst kann man die Farben besprechen und überlegen, wo es diese Farben gibt – im Raum, bei der Kleidung, als Spielzeug …
„Was ist deine Lieblingsfarbe?"
Auch bei dem Thema „Wetter" bietet sich diese Geschichte an. Wer hat schon einen Regenbogen gesehen? Und wann? Wer weiß, warum ein Regenbogen entsteht?
Das Thema „Freundschaft" wäre ebenfalls enthalten. („Ich schenke dir eine Hälfte meines Regenbogens.") Warum möchte man etwas verschenken? Wem möchte man etwas schenken? Als Tages- oder Gruppenaufgabe wäre es auch möglich, die Aufgabe zu haben, bis zum Ende des Tages seinen Regenbogen an eine Person zu schenken, der

man an diesem Tag etwas Besonderes geben möchte. Vielleicht bekommt man auch einen Regenbogen von einem anderen Kind?
Um Größenverhältnisse zu erkennen, als Feinmotorik- und Konzentrationsübung oder einfach nur um Freude am kreativen Tun zu erleben, ist diese Geschichte ein wunderbares Angebot.

Wenn es nun ans Basteln geht, kann man verschiedene Varianten erproben:

- Mit einem Zirkel die immer kleiner werdenden Kreise aufmalen.
- Mit vorbereiteten Schablonen die immer kleiner werdenden Kreise aufmalen.
- Auf dem Papier ist der auszuschneidende Kreis schon im Vorfeld aufgemalt worden. Dies wäre bei jüngeren Kindern empfehlenswert.
- Für Bastelprofis: Jeder verkleinert selbst seine Kreise, wie er möchte (evtl. Reservekreise bereitstellen).
- Je nachdem wie groß der Ausgangskreis des Regenbogens ist, sollte man die Durchmesser anpassen, d. h. bei einem Ausgangskreis von 20 cm Durchmesser können die weiteren Kreise immer 1 cm kleiner sein. Bei einem Ausgangskreis von 10 cm Durchmesser reichen 0,5 cm.

VORLESETEXT

Wenn sich Regen und Sonnenschein am Himmel zeigen
und beide dort eine Zeit lang verweilen,
freuen sie sich aneinander auf besondere Weise
und schicken Farben auf die Reise.
Ein Regenbogen am Himmel entsteht,
ein kleines Wunder kommt und geht.

Die Farbe ROT ist kräftig fürwahr,
sie steht für Liebe und Wärme, doch auch für Gefahr.
Was siehst du in ihr? Überlege genau:
Wo begegnet sie dir? Du bist doch schlau.
Ein Pulli, ein Baustein oder deine Hose?
Ein Malstift oder deine Vesperdose?

Die Farbe ORANGE ist wunderschön,
man kann in ihr Lebensfreude und Tatkraft sehn.
Was siehst du in ihr? Überlege genau:
Wo begegnet sie dir? Du bist doch schlau.
Eine Apfelsine, dein Ball oder auch ein Eimer für den Sand,
deine Mütze oder ein Bild an der Wand?

Die Farbe GELB, welch eine Wonne,
verbinden wir mit Heiterkeit, Glück und der Sonne.
Was siehst du in ihr? Überlege genau:
Wo begegnet sie dir? Du bist doch schlau.
Eine Regenjacke, Gummistiefel, ein Stück Papier,
ein Spielzeugauto, das wünsch ich dir.

Die Farbe GRÜN, sie steht für Sicherheit,
für die Natur und Ruhe weit und breit.
Was siehst du in ihr? Überlege genau:
Wo begegnet sie dir? Du bist doch schlau.
Eine Gießkanne, ein Trinkbecher oder dein Lieblingshüpfseil,
im Puzzle ist sie von der Wiese ein Teil.

Die Farbe BLAU, wie könnte es anders sein,
steht für den Himmel und die Unendlichkeit ein.
Was siehst du in ihr? Überlege genau:
Wo begegnet sie dir? Du bist doch schlau.
Ein Kissen zum Kuscheln, eine Flasche zum Trinken,
ein Fahrrad, ein Roller, eine Fahne zum Winken.

Die Farbe VIOLETT verkörpert die Magie,
die Musik, den Respekt und die Harmonie.
Was siehst du in ihr? Überlege genau:
Wo begegnet sie dir? Du bist doch schlau.
Eine Blume, eine Rassel, ein Teil vom Knet,
Schminke im Gesicht, kommt her und seht.

DURCHFÜHRUNG

Alle ausgeschnittenen Kreise aufeinanderkleben und dann halbieren.

Text für eine Karte:

DIE ANDERE HÄLFTE
MEINES REGENBOGENS IST FÜR DICH,
DENN DU BIST ETWAS GANZ BESONDERES FÜR MICH!

LOGISCHE REIHEN

Materialliste pro Kind:

- vorbereitete Blätter, auf denen die logischen Reihen angeordnet werden: in diesem Fall lustige Schlangen aus Kreisen, die in ihrer Länge individuell hergestellt werden können (s. Bild)
- Klebestift
- vorgefertigte, verschiedenfarbige Kreise in der Größe der Kreise auf dem vorbereiteten Blatt

DURCHFÜHRUNG

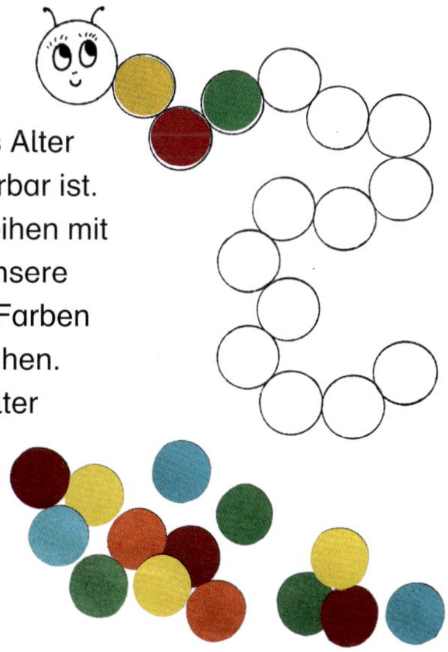

Dieses Angebot ist grundsätzlich für jedes Alter geeignet, da es in jede Richtung modifizierbar ist. Für unsere Kleinen kann man logische Reihen mit nur zwei oder drei Farben anbieten. Für unsere großen Kinder gibt es viele verschiedene Farben und viele Möglichkeiten von logischen Reihen. Erfahrungsgemäß macht es im Vorschulalter richtig Spaß, damit zu experimentieren, vorgegebene Reihen weiterzuführen oder selbst den Anfang einer Reihe vorzugeben. Die Kinder lernen Farben und Reihenfolgen kennen. Mit Kombinationsgabe und Ausdauer ist (fast) alles möglich.

- Wenn man die Schlangen aus Kreisen und die bunten Kreise laminiert, kann man ein Spiel herstellen, das in einem ausgestalteten Karton ein Unikat ist.
- Aufgeklebte logische Reihen auf einem Blatt finden immer ein Plätzchen im Portfolio.
- Auch ausgefallene Farben können verwendet werden oder sehr ähnliche. Das erhöht den Schwierigkeitsgrad, den Spaß und die Möglichkeiten.

✶ Bitte beachten: Die Schlange aus Kreisen sollte immer so lang sein, dass eine logische Reihe auch gut erkannt werden kann und genug Platz hat, um sich zu wiederholen.

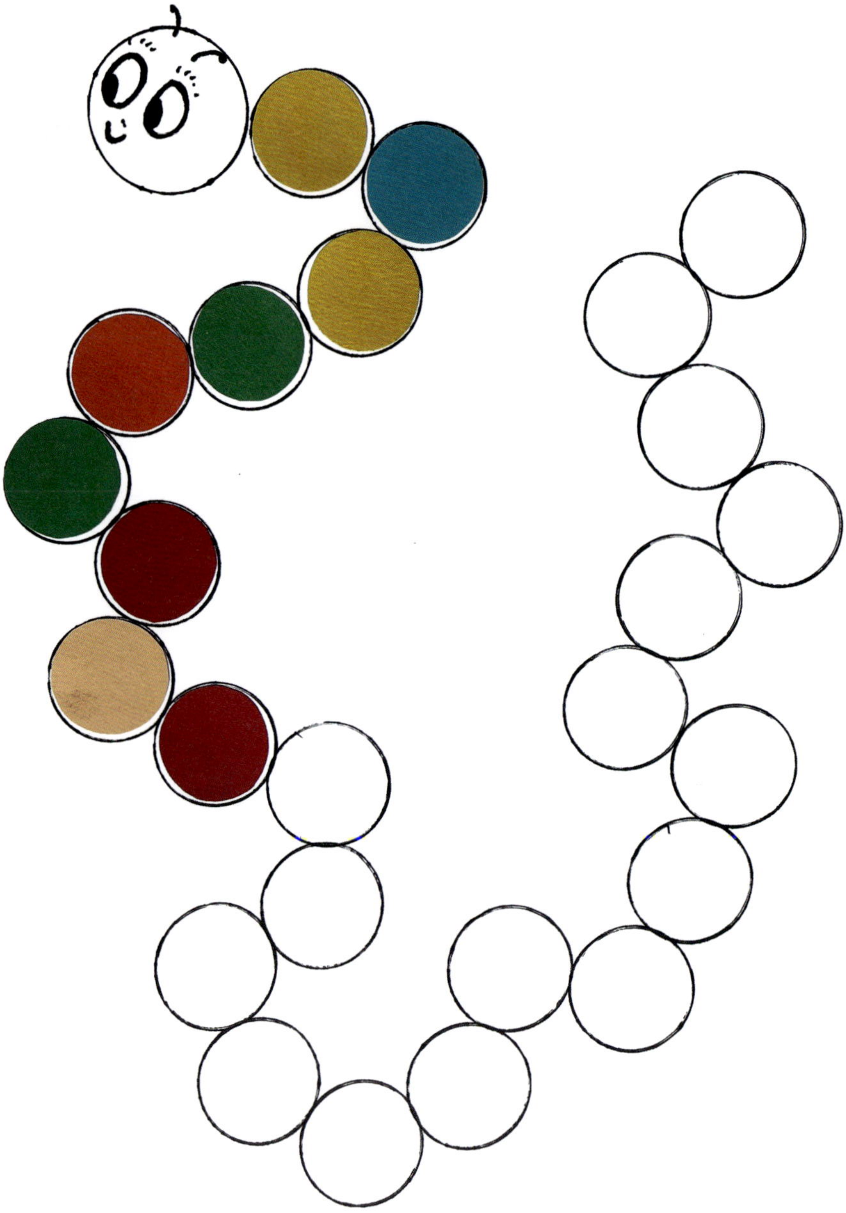

Kreise als Steckspiel

Materialliste:
- Tonkarton in verschiedenen Farben
- Schere
- Stift
- evtl. Klebeband
- evtl. Wackelaugen

Durchführung

Selbst hergestellte Kreise aus Tonkarton eignen sich hervorragend für ein Steckspiel. In einer Größe von ca. 5–6 cm Durchmesser lassen sich die Kreise gut ineinanderstecken. Mit Fantasie und Experimentierfreude entstehen Muster, Blumen, Kreise u. v. m.
Zu Beginn ist es am einfachsten, von jeder Farbe (Blau, Rot, Grün, Gelb oder was als Tonkarton zur Verfügung steht) fünf Kreise herzustellen. Bei Bedarf können schnell noch zusätzliche Kreise entstehen.
Die Kinder schneiden die Kreise, wie im Folgenden beschrieben, ein und schon kann es losgehen. Kreise mit vielen Einschnitten bieten mehr Steckmöglichkeiten.
Nun ist ein wenig Geschicklichkeit und Ausdauer gefragt, denn die ineinandergesteckten Kreise können leicht wieder auseinanderrutschen. Ein kleiner Klebestreifen kann hier hilfreich sein, den Sie auf der Rückseite der Kreise anbringen können. Wenn eine Figur fertig ist, können Sie sie, gemeinsam mit dem Kind, gezielt zusammenkleben.
Ein größeres Projekt können Sie in Teilschritten anbieten, das erleichtert die Arbeit. Dafür basteln Sie mit den Kindern einzelne Elemente und fügen sie hinterher zusammen bzw. arrangieren sie hinterher z. B. auf einem großen Bild. Ansonsten sind die Kreise wiederverwendbar.
Die Kinder können immer wieder Neues probieren, verändern, austauschen und weitere Kreise herstellen.

Für die ganz großen Tüftler gibt es folgende Idee: Die Kreise lassen sich in verschiedenen Farben, unterschiedlichen Größen und aus unterschiedlichen Materialien herstellen. Kreise aus Transparentpapier wirken z. B. als Fensterschmuck ganz fantastisch.

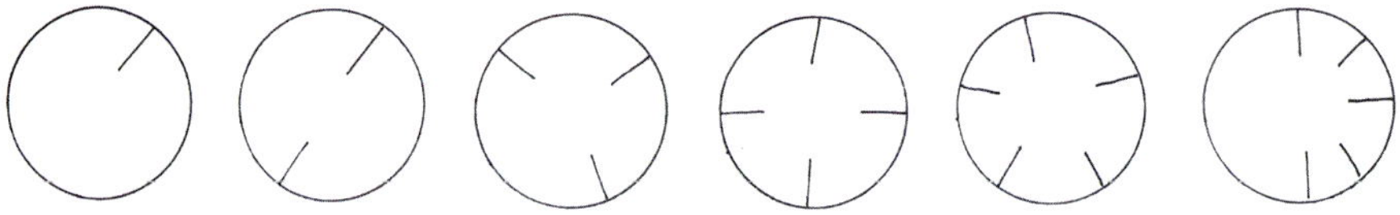

VORLESETEXT

Für unser erstes Steckspiel brauchst du jeweils vier Kreise in Grün, vier Kreise in Rot und vier Kreise in Blau.
Schneide alle Kreise an zwei gegenüberliegenden Stellen zu einem Viertel des Kreisdurchschnittes ein.

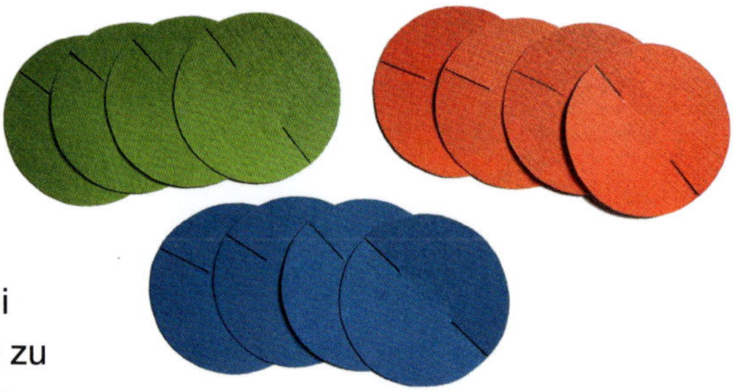

Du kannst die Kreise farblich zusammenstecken, wie es dir gefällt.
Für einen besseren Halt kannst du sie auf der Rückseite mit einem kleinen Streifen Klebeband fixieren.

Ein bunter Kreis entsteht.

VORLESETEXT

Für unser zweites Steckspiel brauchst du acht bunte Kreise deiner Wahl und einen etwas größeren Kreis. Schneide den größeren Kreis und einen kleinen Kreis nur auf einer Seite zu einem Viertel ein. Alle anderen von zwei Seiten.

Fange mit dem großen Kreis an und lass die anderen Kreise folgen.
Der Kreis mit nur einem Einschnitt kommt ans Ende.
Erkennst du schon, was es wird? Genau: eine kleine bunte Raupe.
Für einen besseren Halt kannst du die Kreise auf der Rückseite mit einem Streifen Klebeband fixieren.
Mit einem Stift und/oder Wackelaugen kannst du deiner Raupe ein hübsches Gesicht malen.
Wenn du möchtest, kannst du an deiner Raupe mit Pfeifenputzern noch Fühler anbringen.

Und? Wie sieht deine Raupe aus? Ist dir schon ein Name für sie eingefallen?

VORLESETEXT

Für unser drittes Steckspiel brauchst du vier blaue Kreise, vier rote Kreise, vier grüne Kreise und einen größeren Kreis. Der größere Kreis braucht acht Einschnitte.

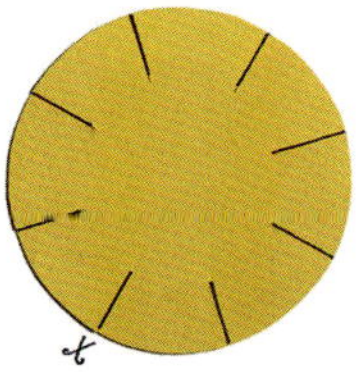

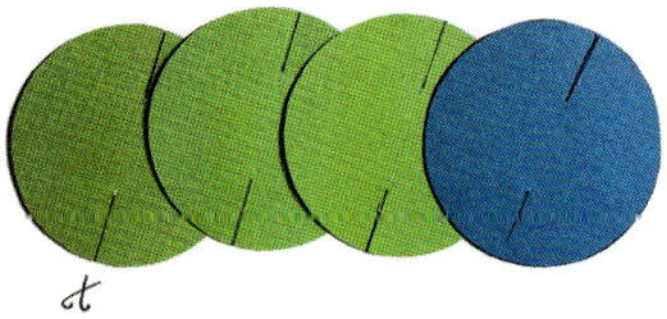

Vier rote, ein grüner und drei blaue Kreise brauchen jeweils einen Einschnitt. Ein blauer und drei grüne Kreise brauchen jeweils zwei Einschnitte.

Nimm den größeren Kreis in die Hand und stecke die roten und blauen Kreise im Wechsel ein. An den blauen Kreis mit zwei Einschnitten kommen zunächst die grünen Kreise mit zwei Einschnitten, den Abschluss bildet der grüne Kreis mit einem Einschnitt.
Kannst du schon erkennen, was es wird? Eine schöne bunte Blume. Super!
Für einen besseren Halt kannst du die Kreise auf der Rückseite mit einem Streifen Klebeband fixieren.

Nun hast du bestimmt selbst noch viele weitere Ideen.
Fertige dir einfach Kreise an und probiere aus, was dir so einfällt.
Du kannst auch einen Freund oder eine Freundin dazu einladen und ihr könnt gemeinsam Geschenke herstellen, alles ist möglich.

Alter: 2 3 4 5 6

ADVENTSZEIT

Materialliste pro Kind:

- Effektpapier in Kreisform (Glanzpapier, Geschenkpapier, Tonkarton …)
- Schablone oder Gegenstand in gewünschter Größe bereitstellen, um Kreise für Weihnachtskugeln aufzumalen
- Stift
- Schere, Klebestift
- Material für Verzierungen
- Goldstift, um den Aufhänger zu malen
- Tonkarton für Weihnachtskarten oder schon fertige Leerkarten
- Briefumschläge

DURCHFÜHRUNG

Zunächst stellen wir Weihnachtskugeln aus Kreisen her. Die Größe der Kugeln kann individuell gewählt werden. In der folgenden Geschichte ist immer eine Kugel pro Adventssonntag gestaltet. Dies kann natürlich auch verändert werden, z. B. mehrere kleine Kugeln, Kugeln in unterschiedlicher Größe, Kugeln aus unterschiedlichem Papier oder in verschiedenen Farben. Diese Bastelarbeit eignet sich auch für kleinere Kinder, da sie gut modifizierbar ist. Für die ganz Kleinen können die Kreise schon vorbereitet werden, dann ist die Verzierung und das Ausgestalten die Hauptbeschäftigung. Sollen Weihnachtskarten hergestellt werden, ist der Platz für die Kugeln je nach Größe der Karte vorgegeben. Gestaltet man eine Collage, kann man kreativ zur Höchstform auflaufen.
So entstehen einzigartige Weihnachtskugeln, individuelle Weihnachtskarten oder ein Blickfang aus bunten, glitzernden und verzierten Kugeln. Die Weihnachtskarten können auch als Geschenk verwendet werden, Mamas und Papas, Omas und Opas, Tanten und Onkel freuen sich mit Sicherheit sehr darüber.

VORLESETEXT

Der **1. Advent** ist da und ich freue mich sehr,
er kündigt Weihnachten an und noch viel mehr.
Denn ich wünsche dir für diese Zeit Zufriedenheit,
und genauso viel Behaglichkeit.

Der **2. Advent**, bald ist es so weit,
der Heilige Abend ist nicht mehr weit.
Im Haus verbreitet sich Plätzchenduft,
Vorfreude und Spannung erfüllen die Luft.

Der **3. Advent**, man glaubt es kaum,
Weihnachtsstimmung in jedem Raum.
Frieden und Freude für dich und die kommende Zeit,
mach dich für das Weihnachtswunder bereit.

Der **4. Advent**, Weihnachten steht vor der Tür,
Sterne funkeln und ich wünsche dir:
Ganz viel Glitzer und gute Laune,
Kerzenschein am Weihnachtsbaume.

DURCHFÜHRUNG

als Weihnachtskarte:
Wenn Sie eine Weihnachtskarte erstellen möchten, kleben Sie die selbst gestaltete Weihnachtskugel auf eine vorgefertigte Karte und schreiben Sie entweder einen oder alle vier Texte auf.
Alternativ können Sie sich mit den Kindern ein Weihnachtsgedicht ausdenken, das Sie in die Karte schreiben.

8. Geschichte

Alter:
5
6
7
8

HUND UND KATZ ERLEBEN WAS UND HABEN ZUSAMMEN VIEL SPASS

Materialliste pro Kind:
- Papier in Kreisform für den Hund Hans
- Papier in Kreisform für die Katze Liese
- Stift
- Papier (DIN A4 oder in gewünschter Größe)
- Klebestift
- evtl. Buntstifte
- Prickelnadel und Unterlage
- evtl. ein Büchlein mit acht Seiten vorbereiten und anbieten (Anleitung s. S. 6)

DURCHFÜHRUNG

Der Hund Hans und die Katze Liese suchen sich jeden Tag ein anderes Plätzchen aus, um Fahrzeuge zu beobachten und daraus ein kleines Rätsel zu machen. Erraten die Kinder das Fahrzeug, stellen sie die dazugehörigen Räder in Prickeltechnik her und gestalten das Bild aus. So wird in dieser Geschichte gefaltet, geprickelt (alternativ ausgeschnitten), geklebt, ausgestaltet und damit die Feinmotorik, das Vorstellungsvermögen und das Wissen über verschiedene Fahrzeuge angeregt. Außerdem werden die Wochentage einzeln benannt und vorgestellt, denn jeder Tag zeigt ein anderes Fahrzeug. Am Ende der Woche haben wir eine kleine Reise hinter uns, die als Projektarbeit verwendet werden kann.

Die Geschichte hat verschiedene Schwerpunkte, die Sie je nach Anlass einsetzen können:

- Kennenlernen der Wochentage
- Erraten verschiedener Fahrzeuge und ihrer Bestimmung
- Ausdauer, Konzentration und Genauigkeit mit der Technik des Prickelns fördern
- Rätselspaß (genaues Zuhören, überlegen, Lösung finden): Erst wenn durch den Vorlesetext das Fahrzeug erraten wurde, wird das Blatt zum Weitermachen ausgeteilt.

In dieser Geschichte lernen wir viele verschiedene Räder kennen, die allesamt rund, aber in der Größe sehr verschieden sind.

Die Fahrzeuge, wie Sie sie unten in der Anleitung finden, sollten Sie vorher auf ein DIN-A4-Blatt (oder größer) aufzeichnen. Ich habe einfache Formen gewählt, sodass sie sich leicht abzeichnen lassen.

Für das Herstellen der Reifen benutzen wir eine nicht so übliche Technik: Wir prickeln! Das dauert vielleicht etwas länger, der Reifen kann jedoch runder ausgestochen werden als mit einer Schere ausgeschnitten und hat zudem gleich ein Profil (weißt du, was ein Profil bei Reifen ist und zu was es nützlich ist?).

Einen Kreis mit der Schere ausschneiden ist nicht ganz einfach und braucht etwas Übung. Die Schere muss während des Schneidevorganges gelenkt werden und je kleiner die Reifen sind, desto schwerer ist das. Probieren Sie es einfach mit den Kindern aus, und wenn es ihnen leichtfällt, können sie sich immer noch umentscheiden.

Für die Anfänger*innen unter uns: Die Reifen sollten schon aufgezeichnet angeboten werden, dann passen sie gut in das zu erratende Fahrzeug.

Für die Fortgeschrittenen unter uns: Die Kinder zeichnen die Reifen mit einer dafür entsprechenden Schablone für das Fahrzeug selbst auf.

Für die Profis unter uns: Die Kinder überlegen sich selbst Lösungswege zur Reifenherstellung.

Am Ende könnte vielleicht ein Leporello oder ein Büchlein entstehen oder eine Collage oder eine Portfolioseite.

Vorlesetext

Ich bin der Hans und das ist die Liese,
wir sitzen gerade auf einer Wiese.

Durchführung

Hund

Kreis zur Hälfte falten.

Über die gerade Seite des Halbkreises ein Ohr einfalten.

Über die gerade Seite das andere Ohr einfalten, wenden und ausgestalten.

DURCHFÜHRUNG

Katze

Kreis zur Hälfte falten.

Über die gerade Seite ein Ohr einfalten.

Über die gerade Seite das andere Ohr einfalten.

Ein Ohr zurückfalten, sodass ein spitzes Katzenohr entsteht.

Zweites Ohr ebenfalls zurückfalten, wenden und ausgestalten.

VORLESETEXT

Montag:

Was machen wir heute? Wir möchten was erleben,
in der Stadt wird sich bestimmt etwas ergeben.
Wir sitzen am Straßenrand und schauen die Fahrzeuge an,
Wir sind gespannt, wer von euch das erraten kann:
Ein Fahrzeug, ganz in Rot,
kommt sehr schnell, wenn jemand ist in Not.
Mit einer Sirene auf dem Dach und lautem Ton
kommen die freundlichen Helfer schon
mit quietschenden Reifen um die Ecke geprescht.
Ein ________________, ja du hast recht!

DURCHFÜHRUNG

Feuerwehrauto kann ausgemalt werden, Reifen prickeln und aufkleben.

VORLESETEXT

Dienstag:

Was machen wir heute? Wir möchten was erleben,
auf dem Feld wird sich bestimmt was ergeben.
Wir sitzen auf einem Baumstamm und sehen uns um,
wir hören lautes Geknatter statt Bienengesumm.
Ein Fahrzeug, ganz in Grün,
möchte auf dem Feld seine Kreise ziehn.
Mit riesengroßen Reifen und starkem Profil,
kommt es sicher auch über unebenen Boden ans Ziel.
Ich bin mir sicher, du hast es schon erkannt.
________________ wird dieses Fahrzeug genannt.

DURCHFÜHRUNG

Traktor mit Farben und Reifen vervollständigen (prickeln oder schneiden).

VORLESETEXT

Mittwoch:
Was machen wir heute? Wir möchten was erleben.
Auf dem Spielplatz wird sich bestimmt was ergeben.
Wir sitzen auf der Schaukel und schwingen hin und her.
Ein Ding mit Rädern zu sehen, fällt uns nicht schwer.
Dieses Mal sind die Räder ganz klein,
und sie sind hintereinander angebracht, in Reih'n.
Es ist kein Fahrzeug zum Sitzen oder mit Motor,
es kommt nur an den Füßen vor.
Auch hier bin ich mir sicher, dass du weißt,
dass dieser rollende Schuh ______________ heißt.

DURCHFÜHRUNG

Inliner mit Farben und Rädern vervollständigen (prickeln oder schneiden).

VORLESETEXT

Donnerstag:
Was machen wir heute? Wir möchten was erleben.
Bei der Autobahn wird sich bestimmt was ergeben.
Wir stehen auf einer Brücke und schauen hinunter.
Die Fahrbahn unter uns wird zunehmend bunter.

Ein Fahrzeug ganz in Blau fällt uns auf.
Es hat eine Aufschrift ________________ drauf.
Als Fahrgast ist man hier willkommen
und wird an einer Haltestelle mitgenommen.
Hast du auch schon einmal dieses Fahrzeug genutzt?
Dann hast du es ja gleich gewusst.

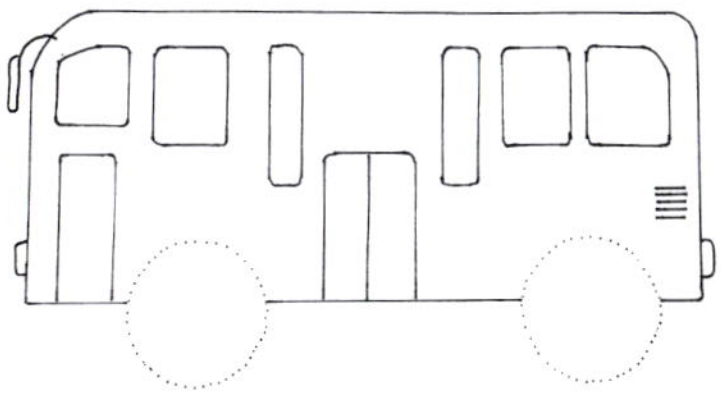

DURCHFÜHRUNG

Reisebus mit Farben und Rädern vervollständigen (prickeln oder schneiden).

VORLESETEXT

Freitag:
Was machen wir heute? Wir möchten was erleben.
Im Kindergarten wird sich bestimmt was ergeben.
Wir sind im Garten und staunen doch sehr.
Hier gibt es Fahrzeuge, vielleicht fünf und noch mehr.
Eines betrachten wir ganz genau,
und machen uns über dessen Handhabung schlau.
Ein Bein steht auf einem Brett, ein Bein treibt es an,
wir sind erstaunt, was dieses Kind mit dem ________________ alles kann.
Man muss es immer in Bewegung halten,
mit Gleichgewicht und Koordination die Fahrt gestalten.

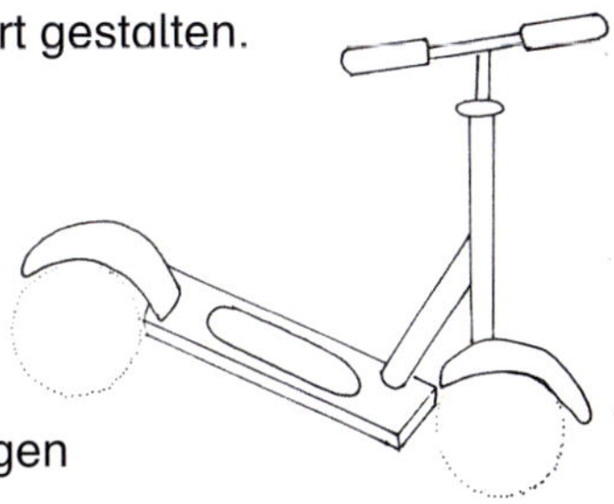

DURCHFÜHRUNG

Roller mit Farben und Rädern vervollständigen
(prickeln oder schneiden).

VORLESETEXT

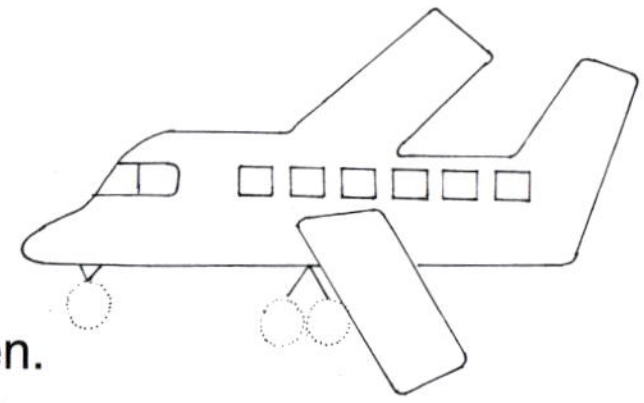

Samstag:

Was machen wir heute? Wir möchten was erleben.
Auf dem Flugplatz wird sich bestimmt was ergeben.
Wir sind auf der Aussichtsplatte angekommen
und haben auf einer Bank Platz genommen.
Hier ist so viel los, wir wissen nicht, wohin wir schauen sollen,
und was wir als Erstes ganz genau besichtigen wollen.
Wir sehen Menschen, Flügel, Koffer und Lichter,
oft auch lachende und freundliche Gesichter.
Kein Wunder, denn von hier aus kann man in den Urlaub starten
mit ________________ der verschiedensten Arten.

DURCHFÜHRUNG

Flugzeug mit Farben und Rädern vervollständigen (prickeln oder schneiden).

VORLESETEXT

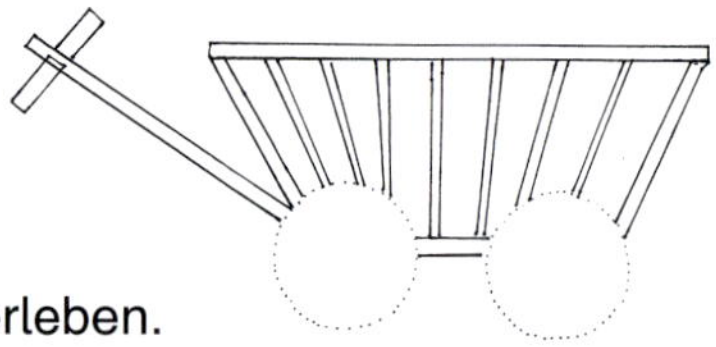

Sonntag:

Was machen wir heute? Wir möchten was erleben.
Auch am letzten Tag der Woche wird sich bestimmt was ergeben.
Was rollt noch, was würde ohne Räder nicht funktionieren?
Was können wir noch ausprobieren?
Ich weiß, am Sonntag machen wir es uns gemütlich,
wir packen ein Picknick ein für dich und mich.
Mit dem ________________ gehen wir auf die Wiese,
der Hans und auch die Liese.

DURCHFÜHRUNG

Leiterwagen mit Farben und Rädern vervollständigen (prickeln/schneiden).

9. Geschichte

Alter:
5
6
7
8
9

Ein Kuchenrezept

Materialliste pro Kind:
- größerer Kreis in einer Farbe der Wahl
- Stift
- Schere
- Klebestift
- evtl. Supermarktprospekte

Durchführung

Auch Kuchen backen möchte gut vorbereitet sein und das wird in dieser Geschichte dargestellt. Als hauswirtschaftliches Projekt besprechen, planen und stellen wir ein Rezept dar. Visuell aufbereitet, kann der*die kleine Bäcker*in nachvollziehen, welche Zutaten wir brauchen, wie viel und in welcher Reihenfolge.
Hier bietet sich eine Kleingruppe an – jedes Kind kann sich ein eigenes Rezept herstellen und es danach mit nach Hause nehmen. Eine Kleingruppe kann ein Kindergeburtstag sein, eine Projektgruppe im Kindergarten, ein spontaner Backnachmittag mit Freund*innen oder eine gemütliche Familienzeit. Ein Anschlussprojekt könnte das Anwenden des Rezeptes sein.
Die Zutaten können auf die Kreisteile gemalt werden oder als Bilder aus Supermarktprospekten ausgeschnitten und aufgeklebt werden.
Schneidet man den in einen Achtelkreis gefalteten und ausgestalteten Kreis auseinander, erhält man ein Puzzle. Um Sicherheit in der Reihenfolge zu erlangen, können zusätzlich Zahlen daraufgeschrieben oder Würfelaugen aufgezeichnet werden.
Für Rezepte mit sechs Schritten falten wir einen Sechstelkreis, für Rezepte mit zwölf Schritten falten wir einen Zwölftelkreis usw. Hier können, je nach Interesse, Schwierigkeitsstufen eingebaut werden.
Kann es losgehen? Als Erstes falten wir einen Achtelkreis.

1. **Möglichkeit:** Wir gestalten den Kreis vor dem Auseinanderschneiden.

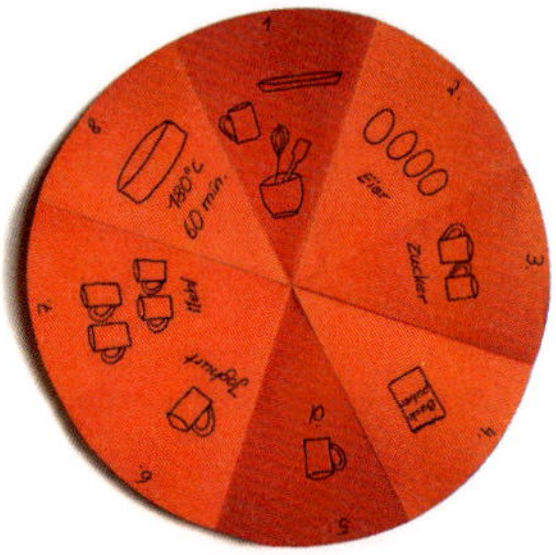

2. **Möglichkeit:** Wir gestalten die einzelnen Kreisteile nach dem Auseinanderschneiden.

VORLESETEXT

1 Diese Dinge brauchst du:

- eine Rührschüssel
- einen Becher oder Tasse mit 150 ml Fassungsvermögen
- einen Rührlöffel oder einen Schneebesen
- eine runde Kuchenform

2 Nimm vier Eier, schlage sie auf und gib sie in die Rührschüssel. Die Eierschalen kannst du wegwerfen.

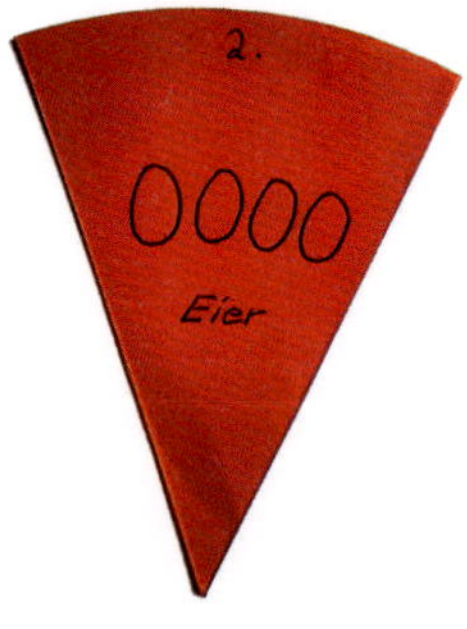

3 Schütte zwei Tassen Zucker dazu.

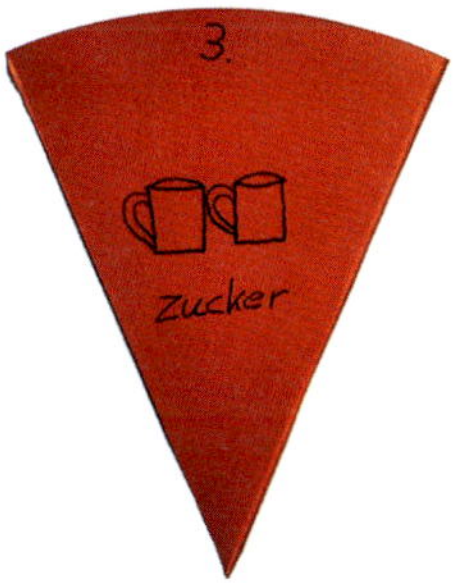

4 Leere den Inhalt eines Backpulvertütchens in deine Rührschüssel.

5 Du brauchst nun eine Tasse Öl, das ebenfalls in deine Rührschüssel kommt.

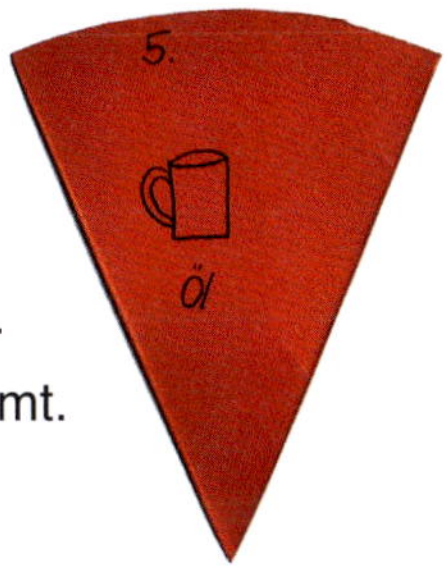

6 Dazu kommt noch eine Tasse Joghurt.

7 Und als Letztes brauchst du vier Tassen Mehl. Nun musst du alles so lange verrühren, bis ein geschmeidiger Teig entsteht.

8 Fülle den Teig in eine runde Backform und backe ihn bei 180 °C 60 Minuten.

FERTIG! HERZLICHEN GLÜCKWUNSCH ZU DEINEM ERSTEN SELBST GESTALTETEN KUCHENREZEPT UND GUTEN APPETIT.

Tipp: Das Ganze geht auch mit einem Pizzarezept oder einem Plätzchenteig zum Ausstechen u. v. m.

Alter:
5
6
7
8
9

10. Geschichte

GLÜCKWÜNSCHE ALLER ART

Materialliste pro Kind:
- rundes Faltpapier in verschiedenen Farben
- Klebestift
- Tonkarton
- Ausgestaltungsmaterial, wie Bänder, Holzstäbe …

DURCHFÜHRUNG

Wer freut sich nicht über eine selbst gebastelte und schön gestaltete Karte? Einen Anlass gibt es immer: zum Geburtstag, Muttertag, als Einladung oder als „Schön, dass es dich gibt"-Karte. Mit der Technik der Ziehharmonikafaltung lassen sich wunderschöne Blumen, Schmetterlinge oder Herzen (Anleitungen s. S. 65) herstellen – in jeder Größe, in jeder Farbe und auf verschiedenste Weise dekoriert und ausgestaltet. Und wenn es mal ein wirklich großer Schmetterling wird, der zu schön und zu groß für einen Briefumschlag ist, machen Sie ein Foto, das kommt immer gut an. Sie können auch statt einer Karte Holzstäbe als Blumenstecker nehmen, Ihre Bastelarbeiten mit einem Aufhänger als Fensterschmuck versehen, Serviettenringe mit Herzen oder Blumen dekorieren u. v. m.
Es gibt unzählige Ideen für diese außergewöhnliche Bastelarbeit.
Die Herstellung basiert immer auf einem runden Faltpapier Ihrer Wahl, welches in Ziehharmonikatechnik gefaltet wird. Die Größe der Faltabstände entscheiden Sie bzw. die Kinder, probieren Sie einfach aus, wie es Ihnen gefällt. Die Größe der Knicke ist je nach Alter veränderbar – der Effekt bleibt der gleiche.

FALTFORMEN

Herz

Einen Kreis als Ziehharmonika falten.

Ziehharmonika in der Mitte falten und Berührungsflächen zusammenkleben.

Schmetterling

Zwei Kreise als Ziehharmonikas falten.

Ziehharmonikas ungefähr im Verhältnis ein Drittel zu zwei Dritteln zusammenfalten und beide gefaltete Kreise zusammenkleben.

Blume

Drei Kreise als Ziehharmonikas falten.

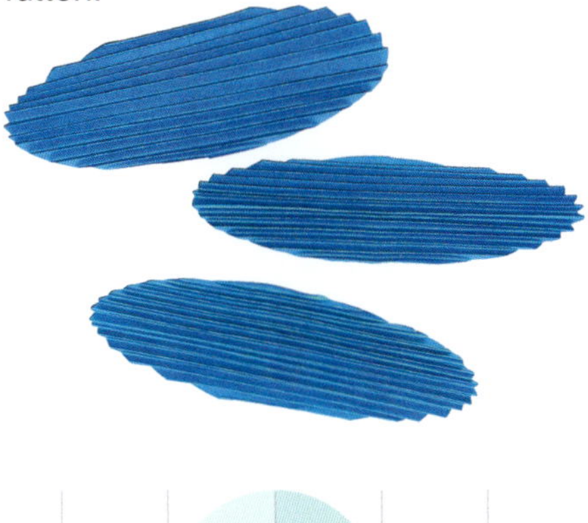

Ziehharmonikas in der Mitte zusammenfalten und -kleben.

Kartenideen und -texte:

Text
Ich schenke dir ein Herz von mir,
denn zum Muttertag/Vatertag, da wünsch ich dir:
Glück, Zufriedenheit und viel Genuss
und obendrein ’nen dicken Kuss!

Text
Muttertag/Vatertag ist einmal im Jahr,
das ist doch wirklich schade, nicht wahr?
Denn 365-mal will ich dir sagen:
„Ich liebe dich“, an allen Tagen.

Text
Eine Blume in der Farbe, die dir gefällt,
und unsere Freundschaft zusammenhält,
die schenk ich dir, weil ich dich mag,
heute und an jedem Tag!

Text
Eine Blume so bunt und schön,
kannst du dir immer wieder ansehn.
Dann denk an mich, denn das ist wahr:
du bist für mich der größte Star!

Text
Ich sende dir heut und das ist wichtig,
einen schönen Geburtstagsschmetterling
zu deinem Fest und das ist richtig,
dass er dir viele gute Wünsche überbringt.

Text
Heut ist dein großer Tag und ich bin dabei.
Ich bringe dir drei Wünsche vorbei.
Ein Herz steht für die Heiterkeit,
ein zweites für deine Gesundheit,
ein drittes für Glück und Zufriedenheit,
heute und zu jeder Zeit!

Text
Geburtstagswünsche gibt es viele,
wenn mir doch bloß auch einer einfiele,
das tut es nicht, drum schicke ich dieses Tier
mit den besten Wünschen für dich von mir.

BESTIMMT FALLEN DIR NOCH WEITERE SCHÖNE SPRÜCHE EIN.

Alter:
4
5
6
7
8

11. Geschichte

MEINE FREUNDE UND ICH

Materialliste pro Kind:
- rundes Faltpapier in verschiedenen Farben
- Schere
- Klebestift
- bunte Malstifte
- Ausgestaltungsmaterial
- Wackelaugen, alternativ Klebeaugen
- ein Büchlein, ein Plakat für eine Collage, ein Portfolioblatt o. Ä. je nach Anwendung (Anleitungen s. S. 6)

DURCHFÜHRUNG

Diese Geschichte ist so etwas wie ein Alleskönner, d. h. man kann sie in jede Richtung so modifizieren, dass sie für jedes Alter, für jede Länge und für jede Art der Aufbereitung passt. Außerdem ist sie in der Größe der Faltpapiere variabel.
Die Geschichte beinhaltet Schneiden, Falten, Kleben, Malen, Ausdekorieren ebenso wie freie Kreativität, angeleitetes Falten, spontane und individuelle Ausgestaltung.
In meiner Beispielgeschichte sind es 10 „Freund*innen“. Sie können jedoch jede beliebige Zahl anwenden. Je nach Alter eventuell auch nur drei oder fünf. Auch lässt sich das Wort „Freund*in“ natürlich auch durch jeden beliebigen Namen ersetzen. Lassen Sie die Kinder kreativ werden und Namen erfinden.

- Mit mehreren „Freund*innen“ lässt sich ein Büchlein oder ein Leporello herstellen.
- Mit wenigen „Freund*innen“ kann man eine Collage erstellen.
- Mit nur einer selbst gebastelten Figur wäre ein Gemeinschaftsplakat denkbar, das von einer Gruppe gestaltet wird und für das jede*r etwas

über sich selbst beisteuert. In diesem Fall könnte die Überschrift auf dem Plakat auch heißen: Das bin ich und ich mache am liebsten, ich esse am Liebsten, das kann ich am besten, das ist mein Hobby …

- Diese Geschichte kann an einem Bastelnachmittag entstehen, in Gemeinschaftsarbeit oder jede*r für sich.
- Es kann ein aufbauendes Projekt sein, um eine neue Kindergruppe kennenzulernen.
- Auch ein Ich-Projekt bietet sich an: Meine Hobbys, Lieblingsessen, Lieblingsspiele etc., um sich selbst zu präsentieren.
- Für den Kindergarten kann dies über die Kindergartenzeit begleitend eingesetzt werden: „Das bin ich und das habe ich am liebsten im Kindergarten gemacht …“
- Auch ein Kalender wäre denkbar: „Das habe ich in diesem Monat gemacht“.
- Ein kleiner Reim ist schnell verfasst und rundet das Gebastelte damit ab.

Zuerst geht es an die Entscheidung, wer die „Freund*innen“ sind. Das Wort „Freund*innen“ lässt sich auch ersetzen durch:

- Geburtstagsgäste
- Geschwister
- Vorschulkinder
- Vereinsfreund*innen
- Familienmitglieder (Mama und Papa, Oma und Opa …)
- jeden beliebigen Namen

Unter dem Thema Freundschaft ist diese Geschichte und ihre Anwendung in jeder Form möglich.
Durch die witzige Darstellung der gefalteten und ausgestalteten „Freund*innen“ spart man sich ein Foto und hat immer etwas zum Schmunzeln.
Ganz abstrakt kann man sich auch eine kleine „Monstergesellschaft“ vorstellen, die ganz eigene Ideen hat, was sie am liebsten macht oder kann.

Herstellung der „Freund*innen“:

- Genaues Falten kann, muss aber nicht sein (etwas ungleich gefaltet wirken die „Freund*innen“ noch individueller).

- Die Ausgestaltung und Anordnung von Augen, Mund, Zähnen etc. ist absolut frei und individuell.
- Ausgestaltungsmaterial, wie Federn, Knöpfe, Pfeifenputzer, Glitzer, Wolle, zusätzliches Papier, Moos, Heu u. v. m. helfen dabei, der Kreativität freien Lauf zu lassen.
- In meiner Geschichte biete ich zweierlei Faltungen an, auch diese sind modifizierbar – je nach Geschmack und eigener Fantasie.
- Die Ausgestaltung macht ungeheuer Spaß und wenn dann alle „Freund*innen“ vor einem liegen, sind sie wunderschön anzusehen.

In meiner Geschichte wird beschrieben, dass jede*r Freund*in etwas kann, etwas Besonderes mag, etwas Außergewöhnliches gemacht hat … Folgendes wäre genauso möglich: Das mag ich nicht, das finde ich nicht gut. Ich habe in meiner Geschichte runde Dinge gewählt, die die einzelnen „Freund*innen“ mögen oder machen, da es in diesem Buch um den Kreis geht. Hier entscheiden Sie, ob dieses Detail für Sie wichtig ist oder nicht. Bieten Sie rundes Papier in verschiedenen Farben und unterschiedlichen Größen an und lassen Sie sich überraschen, was zu welchem Thema daraus entsteht. Ob gefaltet, geschnitten, geklebt oder gemalt wird, bleibt den kleinen Künstler*innen überlassen.

Faltvorgang Freund*innen:

Freund*in 1

Kreis zur Hälfte falten.

Die Ecken des Halbkreises so nach innen falten, dass vom Mittelfalz ein gerades Stück stehen bleibt.

Freund*in ausgestalten.

Freund*in 2

Kreis fast zur Hälfte falten, sodass der unten liegende Kreisrand übersteht.

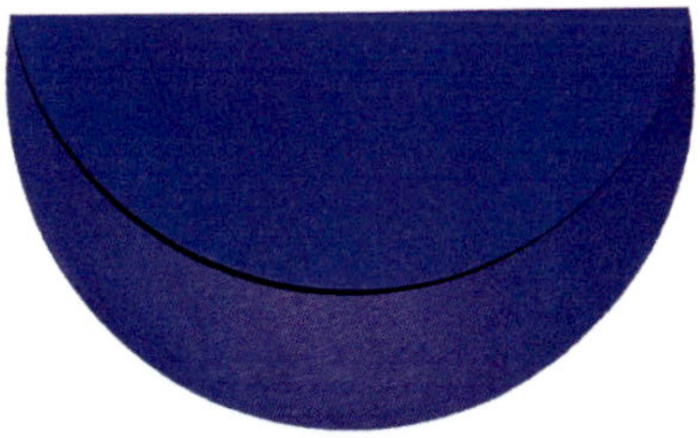

Beide Ecken bis zur Mitte der Geraden einfalten.

Freund*in ausgestalten.

Meine Freund*innen und ich

VORLESETEXT

Für meine*n Freund*in *(Name)*
ist Pizza sein*ihr Lieblingsessen,
er*sie ist auf Käse und Tomaten ganz versessen.
Pizza könnte es jeden Tag geben,
das wäre doch ein leckeres Leben.
Sie riecht und duftet und macht Appetit,
er*sie teilt sie gerne, komm einfach mit.
Sicherlich bist du auch jemand, der Pizza mag?
Was ist dein Lieblingspizzabelag?

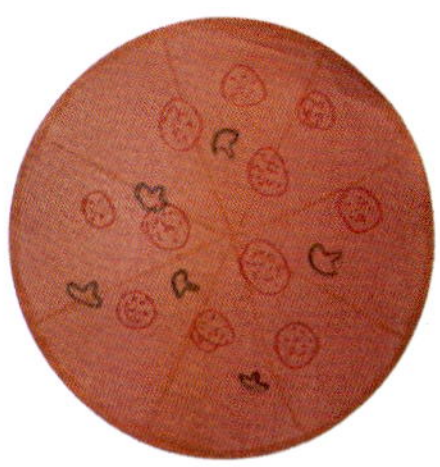

Acht Uhr: Guten Morgen, der Tag beginnt.
Noch eine Stunde, bis wir zusammen sind.
Mein*e Freund*in *(Name)* und ich haben dann viel Zeit,
bis zum Ende des Kindergartens ist es noch weit.
Am Nachmittag ist der Spielplatz angesagt,
doch um 18 Uhr ist Schluss, da der Hunger plagt.
Der Tagesablauf richtet sich nach der Uhrzeit,
kannst du diese schon lesen und bist du bereit?

Der*die *(Name)* ist mein*e Freund*in und lebt auf dem Land,
er*sie ist seinem*ihrem Vater eine helfende Hand.
Manchmal darf ich ihn*sie besuchen,
dann backt seine*ihre Mutter einen leckeren Kuchen.
Doch das Beste ist, wenn wir auf dem Traktor sitzen,
und spielen, dass wir über die Äcker flitzen.
Das Lenkrad wird von rechts nach links gedreht.
Wir können das perfekt, kommt her und seht.

Mein*e Freund*in *(Name)* liebt die Sonne an jedem Tag
das ist das, was er*sie besonders mag.
Er*sie schließt die Augen und legt sich ins Gras,
komm, mach mit, dann zeig ich dir was.
Spür die Wärme auf deinem Gesicht,
genieße es und bewege dich nicht.
Ist es nicht herrlich, die Welt so zu genießen?
Nichts kann uns den Tag verdrießen!

Treffer und Tor! Wir kicken den Ball,
mein*e Freund*in *(Name)* und ich spielen Fußball überall.
Schon rollt der Ball dem Tor entgegen,
das kommt dir doch sicher auch gelegen.
Spiel mit uns mit, das wäre schön,
dann sind wir zu dritt, das könnte gehn.
Hast du auch einen Ball? Wie sieht der aus?
Hast du ihn dabei oder noch zu Haus?

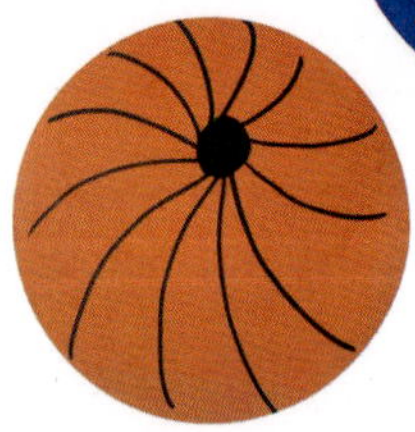

Mein*e Freund*in *(Name)* hat einen Schatz, den hat er*sie versteckt
und somit meine Neugier geweckt.
Gib mir einen Tipp, kann man damit etwas kaufen?
Ja, wir werden jetzt gleich zur Eisdiele laufen.
Denn mein Schatz ist ein Geldstück, silbern und rund,
und jetzt kennst du auch den Grund.
Geld ist wertvoll und ich spare es so lang,
bis ich dir und mir eine Freude machen kann.

Mein*e Freund*in *(Name)* kann etwas, was nicht jeder kann,
er*sie holt Papier und Stift und malt sodann.
Striche, Kreise und verschiedene Formen kommen heraus,
ein wunderschönes Mandala entsteht daraus.
Mandalas auszumalen, macht viel Spaß
und darum sage ich dir was:
Das kannst du auch, fang an ganz klein,
deines wird das schönste sein.

Für sein*ihr Hobby ist mein*e Freund*in *(Name)* überall bekannt,
er*sie sammelt Schneckenhäuser und wird deshalb Schnecki genannt.
In allen Größen sammelt er*sie die leeren Häuser ein
und bringt sie dann zu seiner*ihrer Sammlung heim.
Dort malt er*sie sie mit schönen Farben an,
ob ich das genauso kann?
Einen Versuch ist es wert,
ich werde gleich auf die Suche gehen,
dann kannst du bald das Ergebnis sehen.

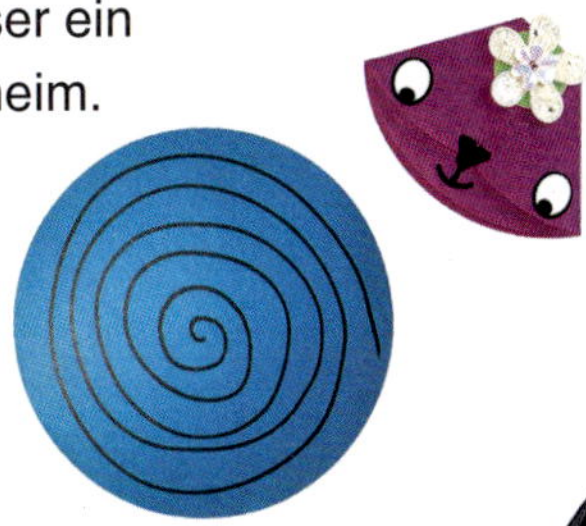

Die meiste Zeit vom Jahr bezaubert uns die Natur
mit einer Blütenpracht und wunderschönen Farben pur.
Bestimmt hast du die Blumen genauso gern wie wir,
mein*e Freund*in *(Name)* und ich verraten dir,
wo die schönsten Blumenwiesen stehen
und wir so gerne dorthin gehen.
Ein Blumenstrauß für die Mama ist schnell gepflückt.
Ich verspreche dir, sie ist über ihn entzückt.

Erkennst du meine*n Freund*in *(Name)*,
der*die sich hinter einer Maske versteckt
und dich und mich damit freundlich neckt?
So eine Maske hätte ich auch gerne auf,
natürlich mit großen Zähnen zuhauf.
Sich eine Maske zu basteln, ist nicht schwer,
wir machen es gemeinsam, komm nur her.
Dann ziehen wir los und erschrecken die Leute,
das wird unser großer Spaß für heute.

SO VIELE FREUND*INNEN, KANNST DU SIE SEHN? SIE SIND ALLE WUNDERSCHÖN!

Alter: 4 5 6 7 8

12. Geschichte

WAS IST DENN DAS?

Materialliste:
- zwei große Kreise, ca. 20 cm Durchmesser, in der gleichen Farbe
- Schere
- Klebeband
- Klebestift
- Farbe für Fingerabdruck, alternativ ein Stempel (Korken, Moosgummi …)
- Stift zur Ausgestaltung der Männchen
- Büchlein oder Leporello (Anleitungen s. S. 6)

DURCHFÜHRUNG

Zwei gleich große Kreise in der gleichen Farbe werden übereinandergelegt und mit einem Klebestreifen an verschiedenen Stellen fixiert (sie werden später wieder entfernt). Nun schneidet man die übereinandergelegten Kreise in Puzzleteile. Dies hat den Effekt, dass wir immer zwei identische Puzzleteile erhalten: eins für die Entstehung der Geschichte und eins für das am Ende zusammengesetzte Puzzle.
Zusätzliche Möglichkeit: Verzieren Sie beide Kreise identisch vor dem Auseinanderschneiden. Malen Sie ein Herz darauf oder ein Lachgesicht, einen Schriftzug, wie z. B. „Herzlichen Glückwunsch“, „Willkommen“, „Du bist spitze“ o. Ä. Sogar ein Foto wäre denkbar.

Auch hier gilt: Verändern Sie den Ablauf so, wie es für Ihre Kindergruppe passt:
- einfache oder schwierigere Puzzleteile, z. B. gerade geschnittene Teile, mit der Wellenschere geschnittene Teile mit angedeuteten Zapfen und Aussparungen wie bei einem richtigen Puzzle …
- Anzahl der Puzzleteile, z. B. drei oder vier für die kleineren Tüftler und sieben oder acht für die fortgeschrittenen Tüftler

Die Herstellung eines Büchleins oder Leporellos könnte eine Eltern-Kind-Aktion sein, eine Projektarbeit, ein Überraschungsbüchlein von Kindern an Eltern oder Großeltern (wenn dann noch ein lieber Gruß auf dem wieder zusammengesetzten Puzzle zu lesen ist, könnte es auch ein Geburtstagsbüchlein werden), ein Überraschungsbüchlein für Eltern an Kinder, für Kinder an Kinder, von Erzieher*in an Kinder …

Die kleinen fleißigen Sammler sind bunte Fingerabdrücke, die nach dem Trocknen mit einem Stift ausgestaltet werden. Alternativ sind auch Stempel möglich.

Sie sehen, auch mit dieser Geschichte können Sie spielen, verändern, erweitern, kreativ sein, Ideen einbringen.

VORLESETEXT

Was habe ich denn hier gefunden?
Ich glaube, das muss ich erkunden.
Ich nehme es mit, ich versuche, es zu schieben
Es wäre schade, wäre es hiergeblieben.

Was ist denn das? Das muss ich sehen,
ich bin zu neugierig, um weiterzugehen.
Ich werde versuchen, es zu ziehen, doch es ist so groß.
Ich frage mich, was ist das bloß?

Aha, ein „Etwas" liegt hier auf der Straße,
ich werde mal dran riechen, mit meiner Nase.
Es riecht nach nichts, ich nehm's mal mit,
auf dem Rücken, so komme ich nicht aus dem Tritt.

Komisch, komisch, was ist denn das?
Kann ich es vielleicht gebrauchen, dieses „Was“?
Vielleicht kann ich es rollen, von hier nach dort.
Ja, es klappt. Also nehme ich es von hier fort.

Was man so alles finden kann,
Augen auf, aufgepasst und dann:
liegt doch so ein großes Ding vor mir.
Ob ich es wohl tragen kann, fort von hier?

Oha, fast wäre ich an dieses Ding gestoßen,
zum Glück hat es keine Dornen wie die Rosen.
Ich schiebe es mit den Füßen in die Richtung, in die ich geh.
Ich muss nur aufpassen auf meinen großen Zeh!

Zur Überraschung treffen wir uns alle an einem freien Platz
und jeder schiebt, rollt, trägt hierher seinen Schatz.
Nun können wir zeigen, wie schlau wir sind,
zusammengesetzt werden die einzelnen Teile geschwind.
Hurra, nun wissen wir, was aus den Teilen entsteht:
Ein Kreis, kommt alle her und seht!

Alter:
4
5
6
7
8

BONUS: PUSTI

Materialliste pro Kind:

- buntes, rundes Faltpapier
- Schere
- Klebestift
- Strohhalm

DURCHFÜHRUNG

Das Pusti ist keine Geschichte, nur ein kleiner Abschiedsgruß.

Während einer meiner Vorschulstunden haben sich die Kinder spontan zu dieser Idee hinreißen lassen. Es kamen die abenteuerlichsten Pustis heraus.

Manche konnte man wirklich gut in die Luft pusten, manche leider nicht. Zusammen haben wir dann dieses Pusti „erfunden“. Es gibt bestimmt noch sehr viel mehr Möglichkeiten, es kommt hier nur auf den Spaß an. Probieren Sie mit den Kindern alles aus, was Ihnen in den Sinn kommt.

Und zum Schluss einen lieben Gruß:

Ein Pusti möchte ich euch noch zeigen,
um das wird euch sicher jeder beneiden,
gefaltet, geschnitten und zusammengeklebt,
gepustet und staunend warten, bis es abhebt.

DURCHFÜHRUNG

Sechzehntelkreis falten
(s. Anleitung S. 13).

Knicke bearbeiten, dass immer im Wechsel
einer nach oben geht und einer nach unten.

Unteren Teil der nach innen gehenden
Faltungen einklappen.

Ein Element ausschneiden.

Pusti wieder mit Klebeband zusammenkleben.

Auf Strohhalm setzen und pusten.

Ein paar Worte zum Schluss

Liebe Leser*innen,

vielen herzlichen Dank,
dass Sie in dieses Buch geschaut haben.

Ich würde mich sehr freuen, wenn Sie etwas für sich
und Ihre Lieben darin gefunden haben.

Mit Kreisen falten, schneiden und gestalten, Unikate herstellen,
Freude bereiten, Gemeinsamkeit erfahren, Anerkennung erleben,
Fantasie entwickeln und einfach ganz viel Spaß zu haben,
das wünsche ich jedem und jeder Bastler*in,
egal wie groß oder klein, wie alt oder jung.

Herzliche Grüße

Ihre

Andrea Graner